WITHDRAWN

D1528856

1313

PROVERBIOS
JUDEO-ESPAÑOLES

POWERBALL

It?s here, but not for long!
Raffle tickets are now
on sale. Play for your
chance to win $1 million!

Power Play - No

Powerball
A. 02 03 19 36 47 -- 33 QP

$1/Drawing for 1 Draw(s)
Sat Jan. 30, 2010

COST $ 1.00

015046

21845500   8837-025630469-123211

598597120

Sign your ticket below as soon as you buy it.

DJ

Name _____

Address _____

Signature _____

This ticket is valid only for dates shown. This ticket is your only proof of selections made. All claims are subject to state laws including ORS 461 and OAR 177. Void if altered. Players must be 18 years of age or older.

To claim a prize: Player must present a signed winning ticket for payment within one year of the winning draw. Winning tickets $600 and under are eligible for instant payment at any on-line retailer. Winning tickets over $600 must be claimed at Lottery headquarters by mail or in person. Players are responsible for making sure they receive an exchange ticket if all draws or events do not transpire before validation.

ESTIMATED ODDS OF WINNING ANY PRIZE AND ESTIMATED AVERAGE ANNUAL PAYOUT PERCENTAGE:

KENO: between 1 in 3.86 and 1 in 78.51 for minimum play ($1), depending on the number of spots (numbers) played. Payout: 67%

LUCKY LINES℠: 1 in 3.96 for minimum play ($2). Payout: 60.95%

MEGABUCKS℠: 1 in 25 for minimum play ($1). Estimated Payout: 70%

PICK 4℠: between 1 in 36 and 1 in 10,000 for minimum play ($1), depending on match selection. Payout: 60%

POWERBALL®: 1 in 35.11 for minimum play ($1). Payout: 50%

WIN FOR LIFE℠: 1 in 4.63 for minimum play ($2). Payout: 65%

RAFFLE GAMES: Odds and payout percentage vary by individual raffle game. For detailed odds information visit www.oregonlottery.org.

BY MAIL:
Oregon Lottery®
PO Box 14515
Salem, OR 97309
(registered mail recommended)

IN PERSON:
500 Airport Rd SE
Salem, OR 97301

Oregon Lottery® proceeds helped build "Stub" Stewart State Park, Oregon's first full-service state park in 30 years.

OR-2000-01 DDP 2/09

This ticket is printed on heat-sensitive thermal paper.

598597121

Sign your ticket below as soon as you buy it.

DJ

Name _____

Address _____

Signature _____

This ticket is valid only for dates shown. This ticket is your only proof of selections made. All claims are subject to state laws including ORS 461 and OAR 177. Void if altered. Players must be 18 years of age or older.

To claim a prize: Player must present a signed winning ticket for payment within one year of the winning draw. Winning tickets $600 and under are eligible for instant payment at any on-line retailer. Winning tickets over $600 must be claimed at Lottery headquarters by mail or in person. Players are responsible for making sure they receive an exchange ticket if all draws or events do not transpire before validation.

ESTIMATED ODDS OF WINNING ANY PRIZE AND ESTIMATED AVERAGE ANNUAL PAYOUT

R. FOULCHÉ-DELBOSC

1313

PROVERBIOS
JUDEO-ESPAÑOLES

EDICIONES OBELISCO

*Esta obra ha sido publicada con una subvención
de la Dirección General del Libro, Archivos y Bibliotecas
del Ministerio de Cultura.*

Colección Cábala y Judaísmo
1313 PROVERBIOS JUDEO-ESPAÑOLES
R. *Foulché-Delbosc*

1ª edición: julio de 2006

Título original: *Proverbes judéo-espagnols*

Edición de *Julio Peradejordi*
Maquetación: *Imelda Hernández Simón*
Corrección: *Aurèlia Vigil*
Diseño de cubierta: *Enrique Iborra,*
sobre una ilustración de: *Stephanie Dalton*

© 2006, Ediciones Obelisco, S.L.
(Reservados los derechos para la presente edición)

Edita: Ediciones Obelisco S.L.
Pere IV, 78 (Edif. Pedro IV) 3ª planta 5ª puerta.
08005 Barcelona - España
Tel. 93 309 85 25 - Fax 93 309 85 23
E-mail: obelisco@edicionesobelisco.com

Paracas, 59 - Buenos Aires
C1275AFA República Argentina
Tel. (541 -14) 305 06 33
Fax: (541 -14) 304 78 20

ISBN: 84-9777-311-X
Depósito Legal: B-37.199-2006

Printed in Spain

Impreso en España en los talleres gráficos de Romanyà/Valls S.A.
Verdaguer, 1 - 08076 Capellades (Barcelona)

PRÓLOGO

De boca de judíos, en Constantinopla, recogí en 1888 la mayor parte de los proverbios que componen la presente colección; cierto número de ellos me fueron amablemente proporcionados por corresponsales de Andrinopla, Salónica y Esmirna. Aproximadamente un centenar que me eran desconocidos, los tomé de los setecientos cincuenta publicados por el señor Kayserling, que los recogió en Serbia y Bulgaria.[1]

Transmitidos por la tradición, la mayoría de estos 1313 proverbios que hoy publico tienen un origen indudablemente hispánico. Algunos se encuentran en los antiguos refraneros de la Península; otros, aunque de filiación idéntica, no figuran en ninguna colección y son realmente destacables. Algunos, en fin, son de origen oriental.

R FOULCHÉ-DELBOSC

---

[1] *Refranes ó proverbios españoles de los judíos españoles, ordenados y anotados por el Dr. M Kayserling*. Budapest: Imprenta del señor C. L. Posner e hijo. A costa del autor, 1889, in-8, 24 pp.
Esta colección fue reimpresa textualmente en la *Biblioteca española-portugueza-judáica...* del mismo autor (Estrasburgo: Charles J. Trubner, 1890, in-8, XXI-155 pp.).

A

·1· A buen pagador no le duelen devdas.

·2· A grano a grano, hinche el papo la gallina.

·3· A la bisba (*avispa*) le dizen: ni tu fiel ni tu miel.

·4· A la ciudad que irás, según verás ansí harás.

·5· A la criatura si no llora, la madre no le da teta.

·6· A la haragana, la noche le viene la gana.

·7· A la prenda, le abasta lo que lleva la mosca en el ala.

·8· A la vejez, cuernos de pez.

·9· A la vieja, lo que se le apega.

·10· A la viña grande lleva el cesto chico.

·11· A la viuda, el güerco (*el diablo*) la envicia (o «la vicia»).

·12· A lo que lo echa la persona, a lo que sale. (*Cuando, esperando una buena noticia, se recibe una mala.*) (VÉASE TAMBIÉN EL REFRÁN 909.)

·13· A mi maestra que le hincha el ojo a mí que me quede el uso. (*Que mi maestra vea que adquiero el hábito de trabajar.*) (VÉASE TAMBIÉN EL REFRÁN 14.)

·14· A mi vecina le pase (o «pasó») el gusto, a mí me quede (o «quedó») el uso. (VÉASE TAMBIÉN EL REFRÁN 13.)

·15· A pícaro, pícaro y medio.

·16· A pregunta necia, orejas de mercader.

·17· A quien le come, se arrasca (*rasca*). (VÉASE TAMBIÉN EL REFRÁN 631.)

·18· A quien le duele la muela, vaya onde el barbero.

·19· A quien madruga, el Dio (*Dios*) le ayuda.

·20· A ti te lo digo, mi hija, tú entiéndelo, mi nuera (o «que lo entienda la mi nuera»).

·21· Abaja un escalon, toma haber (*del hebreo,* חבר, *«compañero»; bájate hasta su nivel y sé modesto.*) (Véase también el refrán 1171.)

·22· Achacoso como el Judío en viernes.

·23· Achaques de lo seco, se quema y lo verde.

·24· Adoba un madero, te parecerá mancebo (*o «te parecerá un mancebo»*).

·25· Aferrarse de la pacha (*o «la pata»*) del gallo. (*Recurrir un mal pretexto.*)

·26· Agradécemeldo, vezina, que hize bien con mi gallina (*cuando le pedimos a alguien que nos agradezca algo sin haberle hecho ningún favor o habiéndonoslo hecho a nosotros mismos*).

·27· Agua tibia, media vida.

·28· Agua vertida, mujer parida.

·29· Aguas pasadas no molen molinos.

·30· Ahogarse en una copa de agua.

·31· Ajas (*o «ajos»*) y pajas y medra (*o «mierda»*) de grajas (*una cosa inútil*).

·32· Ajo dulce no hay.

·33· Ajugar (*o «ajuar»*) y contante (*o «contado»*) te puedo dar (*o «se puede dar»*); la ventura, vátela a buscar. (Véase también el refrán 583.)

·34· Al asno le dieron azúcar; no le agradó.

·35· Al bueno no le digas: «come» ni al cantador: «canta» (Véase también el refrán 744.)

·36· Al casalico, medio cristianico.

·37· Al cavallo sarnoso, le corre la mosca.

·38· A cavo de rato, marido, sois gato.

·39· Al desmañado le caye el bocado, dize que es de ojo malo.

·40· Al Egipto arroz *(llevar el agua al río)*.

·41· Al enforcado *(ahorcado)* no le postres *(o «amostres»)* la cuerda.

·42· Al entendedor poca palabra.

·43· Al escuro *(a oscuras)*, todo es uno.

·44· Al gamello *(del hebreo, Gamal, «camello»)* le demandaron ¿de qué *(¿por qué?)* tiene corcova *(joroba)*. Respondió: ¿cuál me viteis *(por visteis)* derecho?

·45· Al haragan el Dio *(Dios)* le ayuda. (VÉASE TAMBIÉN EL REFRÁN 49.)

·46· Al lado de mi potra me vino otra. *(cuando un asunto nos obliga o lleva a ocuparnos de otro)*.

·47· Al ladron haz tu compañero (VÉASE TAMBIÉN EL REFRÁN 48.)

·48· Al ladron hazlo neeman *(del hebreo, נאמן, «fiel»)*. (VÉASE TAMBIÉN EL REFRÁN 744.)

·49· Al malo, nunca le manca el grano. (VÉASE TAMBIÉN EL REFRÁN 45.)

·50· Al malo, tómalo de la mano *(hazle elogios)*.

·51· Al mentiroso, un estornudar le abasta.

·52· Al povre se le va la candeda en contar lo de los ricos *(o «en contar la hazienda de los ricos»)*.

·53· Al rey un yechil yaprac *(del turco, «una hoja verde»)*. *(A los poderosos sólo se les dan cosas de poco valor.)* (VÉASE TAMBIÉN EL REFRÁN 1295.)

·54· Al rico, y el gallo le pare huevo *(o «al rico le echa y el gallo huevo»)*.

·55· Al sastre haragan, cuando la alguja *(aguja)* cuando el dedal.

·56· Alas tengo, volar no puedo.

·57· Alegría de plaza, nublina de casa.

·58· Ama lo aborrecido, para que te viva lo amado.

·59· Amargo como la fiel del güerco *(el diablo).*

·60· Amen, amen, nos cayó el talet *(del hebreo, Talit* טלית, *«chal de oración de los judíos»). (A fuerza de acceder a todo, henos aquí arruinados.)* (VÉASE TAMBIÉN EL REFRÁN 744.)

·61· Amigo de todos y de ninguno, todo es uno.

·62· Amor de madre, lo demás es aire.

·63· Amor de yerno, sol de invierno.

·64· Ansí ladrón como sospechador. (VÉASE TAMBIÉN EL REFRÁN 1136.)

·65· Antes pasan malas cuchilladas que malas palabradas.

·66· Antes que te cases, mira lo que hazes.

·67· Apárate, mi novia, ni mucho, ni poco.

·68· Aquel tiempo parió el gallo, ahora no pare ni la gallina.

·69· Aquella madre parió culebros; al cavo tornó por ellos *(o «aún pregunta por ellos»).*

·70· Asentemos tuerto y hablemos derecho.

·71· Asno batal *(del hebreo, Batal* בטל, *«desocupado»),* provecho para el vezindado.

·72· Asno callado por savio es contado.

·73· Asno fuites y asno serás, y toda tu vida paja comerás.

·74· Aspricos *(diminutivo del griego,* ασπρον, *«moneda»)* y diablicos no se quedan calladicos. *(El aspro, moneda turca, vale un tercio de para, y el para la cuadragésima parte de una piastra.)*

·75· Aspro falso no se perde.

·76· Ayúdate con lo tuyo, y no tomes prestado de ninguno.

B

·77· Baba (*del turco, «padre»*), lo que dijiteis (*por dijisteis»*) en la privada, lo tenéis en la barba. (*Papá, lo que me dijiste en particular lo tienes en la barba. Se trata de una alusión a la siguiente anécdota: Un padre tenía un hijo de pocas luces y ambos fueron invitados a cenar a casa de un vecino. A éste se le cayó arroz en la barba y su hijo, que era muy inteligente, le dijo: «Padre, un ruiseñor se posó sobre las ramas del árbol de vuestro jardín, enviad cinco mensajeros (los cinco dedos) a buscarlo». El anfitrión lo entendió y se sacó disimuladamente el arroz. El padre del muchacho poco inteligente le hizo ver en privado con cuánta sutileza había hablado al anfitrión su hijo. Al cabo de un rato, al invitado se le cayó el arroz en la barba y el hijo poco inteligente le dijo lo mismo, en forma de proverbio.*)

·78· Baba (*del turco, «padre»*), por aquí vos veo. (*Dícese de alguien que no escucha los consejos que se le dan.*)

·79· Bandera vieja, honor de capitán.

·80· Barato, bueno y bal Torá (*del hebreo, Bal Torah* תורה בעל, *«conforme a la ley»*).

·81· Barena (*pensamientos*) de cabezal hace mucho mal.

·82· Bate el fierro (*hierro*) mientras que está caliente. (VÉASE TAMBIÉN EL REFRÁN 1127.)

·83· Bebe una bota, no viertas una gota. (VÉASE TAMBIÉN EL REFRÁN 692.)

·84· Bendicha sea la limpieza para noche de Pesah (*del hebreo, Pesaj* פסח, *«Pascua»*).

·85· Bendicho el Dio (*Dios*), que ya recaliento.

·86· Besa mano que queres ver cortada. (Véase también el refrán 655.)

·87· Bien empezado, medio escapado.

·88· Bien guardado, mal buscado (*cuando no se recuerda el lugar donde hemos guardado un objeto*).

·89· Bien mira el aspro (*del griego,* ασπρον, *«moneda»*), siendo honra al patrón.

·90· Bien te quero, mal te hiero.

·91· Boca de miel, corazón de fiel.

·92· Boca dulce abre puertas de fierro (*hierro*).

·93· Boca que dize no, dize sí (*a los que niegan algo, para hacerlos confesar*).

·94· Boda no se haze con esfongos (*comida a base de harina, queso y espinacas*), sino que con buen gruch (*del turco, piastra, «moneda»*) redondo.

·95· Boquita de piñón (*pequeña*), no cave un bariñon (*barreño, cubo grande*).

·96· Bravo! quere espandido (*extendido*) el tapete! (*Cuando alguien viene a visitaros tras una larga ausencia.*)

·97· Buen abocado, mal vezino.

·98· Buen biscocho, del Arábico (*el buen bizcocho es el que hacen los árabes*).

·99· Buen pagador, patron de (*o «en»*) bolsa ajena. (Véase también el refrán 502.)

·100· Buen vezindado, más que hermanado.

·101· Buen vino, en negra bota.

·102· Buena casa, buena brasa (*o:* «de buena casa, buena brasa»).

·103· Buena es la novia ciega de un ojo.

·104· Buena es mi hija cuando quere: guay! que nunca quere.

·105· Buenas palabricas tenéis, al saquito vernéis (*es decir,* «acabaréis con nosotros»). (*Se dice cuando vemos que podremos entendernos con alguien.*)

·106· Bula Lodo (*Comadre barro*), que yo me lo digo. (*A aquellos que no acaban de decir toda la verdad.*)

·107· Bulisa Diamante (*Comadre Diamante*), lo de detrás por delante.

·108· Buscar alguno de Ceca en Meca.

·109· Buscar una alguja (*aguja*) en un pajar.

C

·110· Cabello largo, meollo corto. (*O también:* «El cabello largo, el meollo corto».)

·111· Cada boca quere su sopa.

·112· Cada boinero alava sus algujas (*agujas*). (Véase también el refrán 955.)

·113· Cada carnero por su pie se encolga (*se cuelga*). (Véase también el refrán 114.)

·114· Cada cordero de su pacha (*del turco,* «*pata*») lo colgan. (Véase también el refrán 113.)

·115· Cada cosa para (*o en*) su tiempo y la masá (*del hebreo, Matsá* מצה, «*pan ácimo*») para (*o en*) la noche de Pesah (*del hebreo, Pesaj* פסח, «*Pascua*»).

·116· Cada día no es sábado.

·117· Cada gallo en su gallinero canta.

·118· Cada loco con su tema.

·119· Cada oveja con su pareja.

·120· Cada subida tiene su abajada (*bajada*).

·121· Cada uno enterró a su padre como quijo (*por* «quiso»); Joha le dejó la pacha (*del turco,* «*pata*») de afuera. (*Cada cual es libre de elegir a su antojo, aunque sea del modo más excéntrico, como hizo Djoha, quien, al enterrar a su padre, le dejó una pierna fuera. Djoha es el mismo personaje legendario que el Nasrudin Hodja de los turcos. Su nombre ha sido modificado por una simple metátesis. Es más conocido entre los turcos que entre los judíos de Oriente). Y su carácter cambia ligeramente abandonando su nacionalidad primitiva.* Mientras el Hodja de los turcos esconde un gran sentido común bajo apariencias muy groseras, el Djoha de los judíos es un imbécil, un bobo que se hace notar de cuando en cuando por sus agudezas y perspicacias. (VÉANSE LOS PROVERBIOS 297 Y 298.) *Se cuenta que cuando enterró a su padre, este Nasrudin Hodja dejó su pierna fuera de la tierra para que después de muerto pudiera seguir ayudando a los habitantes de su pueblo. Éstos utilizaban la pierna como un poste para atar a los caballos, etc.*

·122· Cada uno juzga por su corazón al ajeno.

·123· Cada uno mete la mano onde le duele.

·124· Cada uno por sí, el Dio por todos.

·125· Cada uno save su salmo, ma el hazan (*del hebreo,* הזן, «*oficiante*») save dos.

·126· Cada uno se rasca para sí. (VÉASE TAMBIÉN EL REFRÁN 127.)

·127· Cada uno traba el gancho para sí. (VÉASE TAMBIÉN EL REFRÁN 126.)

·128· Caer como la piedra en el pozo.

·129· Caer del asno abajo.

·130· Caer en un río corriente y no en boca de la gente.

·131· Cagajones y membrillos son amarillos.

·132· Calabaza! Si te mueres no me embaraza.

·133· Callen bancos, se alevantan entropiezos (*o* «tropiezos»). (VÉASE TAMBIÉN EL REFRÁN 134.)

·134· Callen los aldares (*por* «adarves»), se alevantan los muladares. (VÉASE TAMBIÉN EL REFRÁN 133.)

·135· Camina con un bueno, te harás uno de ellos (*o* «camina con buenos, te harás uno de ellos»). (VÉANSE TAMBIÉN LOS REFRANES 287 Y 288.)

·136· Camina la tortuga, camina su casca.

·137· Caminando y hablando.

·138· Candelica de la plaza, escurina de su casa.

·139· Cara alegre, dos candelas.

·140· Cara tuerta, ventura derecha.

·141· Caras vemos, corazones no conocemos (*o* «cara ya veis, corazones no savéis»).

·142· Carne con carne fiede.

·143· Caro untado camina.

·144· Caro y negro y trefa (*del hebreo,* טריפה, «*prohibido*»).

·145· Casa mía, nido mío.

·146· Cavar el pozo con la alguja (*aguja*).

·147· Cayó pedico, mató a Martico (*nombre propio*).

·148· Cedazico nuevo, ¿onde lo metere? (VÉASE TAMBIÉN EL REFRÁN 149.)

·149· Cedazo nuevo, tres días a la pared. (VÉASE TAMBIÉN EL REFRÁN 148.)

·150· Cerra tu puerta, alaba a tu vezino.

·151· Chavdo (*o* Chevdo: «soso») en la mesa, salado en la caveza. (*Un plato soso puede ser servido en la mesa ya que se le puede añadir sal, pero uno demasiado salado no se puede comer y hay que devolverlo. Los sirvientes llevaban antaño los platos sobre la cabeza.*)

·152· Chica de boy (*del turco,* «estatura»), grande de maldades. (VÉASE TAMBIÉN EL REFRÁN 153.)

·153· Chica de boy (*del turco,* «estatura»), llena de malicias. (VÉASE TAMBIÉN EL REFRÁN 152.)

·154· Ciento de un vientre, cada uno de su miente. (VÉANSE TAMBIÉN LOS REFRANES 486 Y 1211.)

·155· Codrerico (*por* «corderico») es, ya se dejará asar (*o* «ya se asará»).

·156· Colada y calabaza. (*Dícese de una cosa mala que se examina de nuevo y se encuentra tan mala como la primera vez.*)

·157· Coles y navos no des a tus entenados, sino a tus hijos.

·158· Come dulce, que hables bien.

·159· Comed, halgas y mangas, por mí, que por vos me honran a mí. (VÉASE TAMBIÉN EL REFRÁN 845.)

·160· Comed poco, tomad mozo.

·161· Comites, no comites, en la mesa estuvites.

·162· Como hay dar, hay saludar. (Véase también el refrán 163.)

·163· Como hay tomar, hay dar. (Véase también el refrán 162.)

·164· Con calabaliq (*del turco, «buena compañía»*), se abre la gana (*el apetito viene comiendo*).

·165· Con el tiempo maduran las uvas.

·166· Con la cuchara dar el arroz, con el palo (*o «con el mango»*) quitar el ojo (*dícese de los hipócritas*).

·167· Con la pacencia, la hoja del moral se haze seda. (Véase también el refrán 173.)

·168· Con los tuyos come y bebe, y dar y haver no tengas.

·169· Con tu cuerda, echar (*o «echarse»*) al pozo. (*Dícese de alguien con quien no se puede contar.*)

·170· Con un «no» se escapa, con un «sí» se encampa (*se cae en la trampa*).

·171· Con una dada no se parte el leño.

·172· Con pacencia y del moral (*o «y de la hierba»*), se hace seda. (Véase también el refrán 167.)

·173· Conocido es, el pájaro que vola.

·174· Contad cavezicas, meted boneticas (*sombreros*).

·175· Contí, contí, la mem (*m, letra hebrea inicial de «merda» o «medra»*) me comí. (*Dícese cuando, en un relato, se omite lo esencial.*)

·176· Corazón bueno, a la qassab-hané (*del turco, «la carnicería»*).

·177· Corredería y casamentería (*cortejar y casarse*) en caliente (*enseguida*).

·178· Corro, corro, en mi lugar me topo (*para indicar esfuerzos inútiles*).

·179· Corta la chema (*de la שמע, «oración durante la cual no se puede hablar»*) y dí la satchma (*del turco, «cuchufleta»*).

·180· Cosa de masá (*del hebreo, מצה, «pan ácimo»*) embute y emplasta, y presto no pasa.

[21]

·181· Covra (o «ten») buena fama y échate a dormir.

·182· Crece en la huerta lo que no quere el huertelano.

·183· Cuál ciego no quere tener ojos?

·184· Cuál es el loco? El que se alaba solo.

·185· Cuando casuflará (de «casuflar», *peyorativo de* «casar-se»), mal llevará.

·186· Cuando crece cabello en la palma. (Véase también el refrán 187.)

·187· Cuando crece pelo a la rana. *O:* «Cuando crecerá a la rana pelos» (*para indicar algo que nunca sucederá*). (Véase también el refrán 186.)

·188· Cuando el Dio está contigo, no te espantes de tu enemigo.

·189· Cuando el gato se va de casa, bailan los ratones. (Véase también el refrán 196.)

·190· Cuando el padre da al hijo, ríe el padre y el hijo; cuando el hijo da al padre, llora el padre y el hijo.

·191· Cuando huérfanos reirán, cielos y tierra se alegrarán.

·192· Cuando la vieja se quere alegrar, se recorda de su ajugar (*de su ajuar*).

·193· Cuando más el asno se roga, más se estira.

·194· Cuando mazal (*del hebreo,* מזל*, «suerte»*) no hay, ventura qué busca?

·195· Cuando mucho escurece, es para amanecer.

·196· Cuando no están los gatos, bailan los ratones. (VÉASE TAMBIÉN EL REFRÁN 189.)

·197· Cuando se fuyó el caballo de la ahor (*del árabe-turco, «caballeriza»)*?

·198· Cuándo se queren (*o* «viven») suegra con su nuera? Cuando el asno sube escalera (*o* «cuando el asno sube por la escalera»).

·199· Cuando te casas, abre cada ojo cuatro.

·200· Cuando tu hijo quita barba, arrápate tú la tuya.

·201· Cuantas personas, cuantas ideas.

·202· Cuanto más resta la pera en el peral, más espera su buen mazal (*del hebreo,* מזל, *«suerte»*).

·203· Cuantos hombres, tantos pareceres.

·204· Cuervo con cuervo no se quitan los ojos.

·205· Culebra que no me morde, que viva mil años!

·206· Culpa otorgada medio perdonada. (VÉASE TAMBIÉN EL REFRÁN 868.)

·207· Cura dulce no hay.

D

·208· Da el Dio barba a quien no tiene quejado. (VÉASE TAMBIÉN EL REFRÁN 324.)

·209· Dadme grodura (*por* «gordura»), vos daré hermosura. (*O:* «Dame grodura, te daré hermosura».)

·210· Dadme ventura y echadme a la mar y de allí me savré salvar.

·211· Dar a comer carne de asno. (*Darle de comer algo malo, obligar a hacer algo difícil*).

·212· De bien que se queren, los ojos se quitan.

·213· De boca a boca va hasta (*o* «fin a») Roma.

·214· De buena persona, buena palabra.

·215· De buena planta toma la viña; de buena mujer toma la niña.

·216· De casta son los reyes.

·217· De cavo a cavo, de rabo a oreja.

·218· De coles a navos no se enjugan los platos.

·219· De cuando la di a criar, que no la vide. (*Dícese cuando no se ha visto a alguien desde hace mucho tiempo.*)

·220· De dar y de tener, sehel (*del hebreo,* שכל «*instrucción, memoria*») es menester.

·221· De día en día, casa mi tía.

·222· De él al cielo manca un dedo.

·223· De gato a pato.

·224· De hoy venida y mal hablada.

·225· De la caveza el pescado hiede.

·226· De la faja hasta la mortaja.

·227· De la hermosura no se unta, ni se come.

·228· De lo barato se povreció mi padre. (VÉASE TAMBIÉN EL REFRÁN 238.)

·229· De lo contado se lleva el gato.

·230· De lo podrido no comáis, de lo entero no partáis; comed hasta que vos hartéis.

·231· De los cielos que digan bueno.

·232· De los míos dezir y no sentir. (VÉASE TAMBIÉN EL REFRÁN 234.)

·233· De los sueños cree los menos.

·234· De los tuyos mal hablar y no mal sentir. (VÉASE TAMBIÉN EL REFRÁN 232.)

·235· De lunes a martes pocos son los artes.

·236· De más pan no hay mal.

·237· De «me queres» a «te quero» hay grande diferencia.

·238· ¿De qué impovreció (o «improveció») tu padre? De gozar de lo barato. (VÉASE TAMBIÉN EL REFRÁN 228.)

·239· De que sudáis, viejo? De comer con mancevos (ya que los jóvenes comen más deprisa que los viejos).

·240· De qué vais al Hidus (o Hides, «manicomio»)? Porque el mundo va al rovés.

·241· De queda y de maqueda no nos queda cagalera. (Para indicar que, de dos cosas opuestas, una es tan indiferente como la otra.)

·242· De quien es esto? De quien se lo come.

·243· De quien es la mala estilla (astilla)? De este malo madero.

·244· De su candela no se arrelumbra ninguno.

·245· De todos los huevos no salen pollos.

·246· De un carnero no se quitan dos cueros. (VÉASE TAMBIÉN EL REFRÁN 247.)

·247· De un cuero no sale más de un pandero (o «de un cuero un pandero»). (VÉASE TAMBIÉN EL REFRÁN 246.)

·248· De una pulga hazer un gamello (del hebreo, Gamal, «camello»). (VÉASE TAMBIÉN EL REFRÁN 480.)

·249· De vergüenza o de grado.

·250· De vez que vengo lleno, soy (o «so») marido bueno.

·251· Dedo cortado con razon, no da dolor de corazon.

·252· Deja de comer y no de hazer.

·253· Deja el pato, toma la gallina.

·254· Deja su casa, ven a la mía, verás un buen día.

·255· Dejad todo, andadvos al baño. (*Cuando se dejan las cosas serias por los placeres.*)

·256· Dejadme entrar, me haré lugar.

·257· Del amanecer (o «de la mañana») se vee el buen día.

·258· Del asno y del malo es de espantar, no del malo y seheludo («*inteligente*», *del hebreo,* שכל «*inteligencia*»).

·259· Del callado es de espantar.

·260· Del culo al pulso.

·261· Del chico y del borracho se save la verdad. (VÉANSE TAMBIÉN LOS REFRANES 265 Y 266.)

·262· Del dicho al hecho hay gran trecho.

·263· Del Dio (*Dios*) viene el bien, de las abejas la miel.

·264· Del espino sale la rosa, de la rosa sale el espino.

·265· Del loco, del bobo y de la criatura se save todo. (VÉANSE TAMBIÉN LOS REFRANES 261 Y 266.)

·266· Del loco y el niño se save la verdad. (VÉASE TAMBIÉN LOS REFRANES 261 Y 265.)

·267· Del que tuvo y no tiene es de agidiar (*del turco, «tener piedad»*).

·268· Delicia (*nombre propio*) que todo covdicia. (VÉASE TAMBIÉN EL REFRÁN 491.)

·269· Derrocar una pared por el clavo. (VÉASE TAMBIÉN EL REFRÁN 902.)

·270· Desde que parí y crií (o «engendrí»), mi papo no hinchí (o «no hartí»). (*Se lo dice una madre a su hijo cuando le pide algo que ella está comiendo.*)

·271· Desea la preñada nieve tostada.

·272· Después de dicho, es ladino (*viene la solución, la explicación*).

·273· Después de hecho, no hay provecho (*remedio*).

·274· Después de la vaca fuida, cerrar la puerta.

·275· Después del asno muerto, la cebada al rabo.

·276· Después de murir, todos son valientes.

·277· Después de peche *(pescado)*, tósigo es la leche.

·278· Después de Purim, platicos. *(La fiesta de Purim,* פורים, *tiene lugar el 14 de Adar, en conmemoración de Ester, que salvó a los judíos de la persecución de Haman; véase Libro de Ester, cap. IX. Durante esta fiesta hay comidas copiosas; la vuelta al régimen ordinario ha dado lugar a este proverbio.)*

·279· Detrás del rey hablan mal.

·280· Devda buen día no espera.

·281· Dezidme, mi dama, quien mantiene al vivo? El vino, la rosa y el grano de trigo, y una linda dama que durma consigo.

·282· Día nubloso como el humo se va.

·283· Dientes aconantan *(priman)* parientes. (VÉASE TAMBIÉN EL REFRÁN 672.)

·284· Diez Judíos y tres Zinganos.

·285· Dijo la tizna *(o «la sartén»)* a la caldera: vate culo preto. (VÉASE TAMBIÉN EL REFRÁN 770.)

·286· Dijo mi madre que me deis la botica y el tezia *(del turco, «plancha de madera que los mercaderes tienen delante de sus tiendas»; dícese a las personas que piden muchas cosas al mismo tiempo).*

·287· Dime con quien conozcas, te diré quien eres. (VÉANSE TAMBIÉN LOS REFRANES 135 Y 288.)

·288· Dime con quien irás, te diré lo que harás. (VÉANSE TAMBIÉN LOS REFRANES 135 Y 287.)

·289· Dina con Levi. *(Dícese de dos personas que se quieren con amor fraternal: Dina y Levi eran los hijos de Jacob y Lea.)*

·290· Dolor de covdo *(por «codo»)* duele mucho y dura poco.

·291· Dolor y ir a la privada.

·292· Donde las dan, las toman.

·293· Dos a uno quitan del mundo.

·294· Dos pies y un zapato (*o* «dos pies en un zapato»). (*Dícese de las personas que siempre tienen prisa.*) (Véase también el refrán 889.)

·295· Dos povres en una puerta no se pueden ver.

·296· Dos y dos hazen cuatro.

E

- **·297·** Echa el pescado chico para aferrar el grande.
- **·298·** Echa tu pan en la agua; al cavo de días lo toparás.
- **·299·** Echar sal a la lumbre. (*Echar aceite al fuego.*)
- **·300·** Echar sal a los ojos. (*Tener apariencias engañosas.*)
- **·301·** Echar y no dormir.
- **·302·** El achaque nos viva! (*¡Viva la excusa, el pretexto!*)
- **·303·** El amin (*del árabe, «hombre de confianza»*) y el yerno como te salen.
- **·304·** El amor no es juete (*por «juguete»*), sino que una alfinete.
- **·305·** El asno al aglik (*del turco, «corral para los animales»*) estuvo, y tornó asno.
- **·306·** El asno, él traye la paja, él se la come.
- **·307·** El baño tiene jura que al preto no haze blanco. (Véase también el refrán 515.)
- **·308·** El bien al bien, el cisco a la carbonera.
- **·309·** El bien de mi padre tapa mi corcova (*joroba*).
- **·310·** El bostezo va de boca en boca, como (*o «según»*) el vino de bota en bota.
- **·311·** El buen paño se vende en la caja.
- **·312·** El buey por el cuerno, el hombre por la lengua.
- **·313·** El buey tiene la lengua larga, ma hablar no puede. (Véase también el refrán 589.)
- **·314·** El cabod (*del hebreo,* כבוד*, «honor»*) es de quien lo da, no de quien lo toma.
- **·315·** El cántaro va al agua, hasta que no se rompe. (Véase también el refrán 1182.)

·316· El cebo es lo que engaña, no el pescador ni la caña.

·317· El celo quita al hombre del mundo. (Véase también el refrán 712.)

·318· El cielo lo echó, la tierra lo recibió. (*Dícese de un idiota.*) (Véase también el refrán 750.)

·319· El cielo no se tapa con el cedazo. (Véase también el refrán 1183.)

·320· El comer y el arrascar (*rascar*) es todo al empezar.

·321· El conto de casa no sale a la plaza.

·322· El corazon lo save el saklaiji (*del turco, «inspector de carnes y carnicerías»*).

·323· El día nubloso se va como el humo.

·324· El Dio da la barba al que no tiene quejada. (Véase también el refrán 208.)

·325· El Dio da la llaga, y él da la medicina.

·326· El Dio la dio, el Dio la tomó.

·327· El Dio nos dé bien, y el lugar onde meter.

·328· El Dio nos dé de acertar, y no de escoger.

·329· El Dio nos guarde de buraquito (*agujero pequeño*) y de chío (*excremento*) de pajarico.

·330· El Dio nos guarde de hora mala.

·331· El Dio nos guarde de marido chinbris (*avaro*) y de aire de indris (*hoyo*).

·332· El Dio nos guarde de vezino malo y de aire de buraco (*agujero*).

·333· El Dio nos guarde este señor, no se vaya él y venga un peor.

·334· El Dio que te guarde de puta vieja y de mercader nuevo.

·335· El Dio que te guarde del señalado (*el que tiene un defecto físico*).

·336· El Dio tiene cargo y de la hormiga del campo.

·337· Él durmiendo y su masal (*del hebreo,* מזל, *«suerte»*) despierto.

·338· El fiado es un pecado. (Véase también el refrán 339.)

·339· El fiado no es pecado. (VÉASE TAMBIÉN EL REFRÁN 338.)

·340· El frío abate al leon. (VÉASE TAMBIÉN EL REFRÁN 350.)

·341· El gamello (del hebreo, Gamal, «camello») no ve su corcova (joroba), ve la del vezino. (VÉASE TAMBIÉN EL REFRÁN 342.)

·342· El gamello ve solo la corcova (jorba) de otros, y no la suya propia. (VÉASE TAMBIÉN EL REFRÁN 341.)

·343· El ganar y el perder son haberim (del hebreo, חברים, «compañeros»).

·344· El gasto hecho me ha sido.

·345· El gato no cave de pies; él me viene con sus tres.

·346· El güerco (el diablo) esparte hijos: a los míos que no me toque, que los suyos no son nada (cuando se rechaza algo de una mala persona).

·347· El güerco (el diablo) lo lleve, el satan lo arrastre.

·348· El güerco (el diablo) no tiene lo que hazer.

·349· El halvaji por el bozaji. (Hazles a los demás lo que los demás te hacen a ti. Halvadji, del turco, «vendedor de halva», especie de pasta dulce de azúcar o miel. Bozadji, del turco, «vendedor de boza», especie de bebida preparada a base de cebada.)

·350· El hambre abate al leon. (VÉASE TAMBIÉN EL REFRÁN 340.)

·351· El hambre y el frío traen a la puerta del enemigo. (VÉASE TAMBIÉN EL REFRÁN 542.)

·352· El haraganuz (pereza) es la llave de la pobreza.

·353· El harto no cree al hambierto (por «hambriento»).

·354· El hazer aconanta (o «es más que») el plazer.

·355· El hecho del muerto no puede hazer el vivo. (VÉASE TAMBIÉN EL REFRÁN 356.)

·356· El hecho del vivo no puede hazer el muerto. (VÉASE TAMBIÉN EL REFRÁN 355.)

·357· El hombre lleva más que la piedra.

·358· El hombre va hasta (o «fin») onde puede y no hasta onde quere.

·359· El huevo de mi vezina tiene dos güemas (*yemas*). (Véase también el refrán 507.)

·360· El juez no juzgue hasta que no siente todos los dos cavos.

·361· El loco gasta, el sesudo (*o* «meollado») se lo come.

·362· El loco la echa, el savio la recoge.

·363· El lovo tiene el pescuezo godro (*por* «gordo»), porque se haze el hecho solo.

·364· El lovo troca el pelo, y las mañas no.

·365· El lovo y la oveja vienen en una conseja.

·366· El mal castigado save bien castigar.

·367· El mal trae el engenio.

·368· El (*o* «la») mar se esparte, ríos se haze. O: «Si la mar se esparte, ríos se haze».

·369· El mejor de ellos al palo. (*El mejor de ellos merece ser colgado.*)

·370· El mejor de los dados es no jugarlos.

·371· El mejor de todos los maestros es la experiencia.

·372· El melon y el hombre nunca se conocen.

·373· El melon y la mujer malos, no es de ver.

·374· El meollado lo pensa, el borracho lo dize.

·375· El mozo por no saver, el viejo por no pueder, dejan las cosas perder.

·376· El orden del rey, tres días. O: «Orden de reinado, por tres días».

·377· El oro es olvidadizo.

·378· El palo en verde se enderecha. (VÉANSE TAMBIÉN LOS REFRANES 537 Y 604.)

·379· El palo salió de Ganeden (*del hebreo,* גן עדן). (*El árbol es originario del Edén.*)

·380· El pan de la vezina es melecina.

·381· El perro del huertelano, ni come ni deja comer.

·382· El perro se arrasca con el palo.

·383· El Pesah (*del hebreo, Pesaj* פסח, *«Pascua»*), y la hija hasta la hora horada. (VÉASE TAMBIÉN EL REFRÁN 545.)

·384· El povre lleva la masa al horno.

·385· El povre y el rico se amesuran con un pico.

·386· El que escupe al cielo a la cara le caye.

·387· El que no tiene lo que hazer, quita los ojos de la mujer.

·388· El que no vido bragas, el vestido le haze llagas. (*A aquel que no ha visto nada, cualquier cosa le impresiona.*)

·389· El que te haze llorar te quere ver riir (*por «reír»*). (VÉASE TAMBIÉN EL REFRÁN 390.)

·390· El que te haze riir (*por «reír»*) te quere ver llorar (VÉASE TAMBIÉN EL REFRÁN 389.)

·391· El que tiene cuatro y gasta cinco, no tiene menester bolsa.

·392· El raton no cavió por el buraco, se ató una calabaza detrás.

·393· El rey es con la gente.

·394· El rey está hazino *(del árabe, «enfermo, afligido»)*: al vezir le echan *(o* «echaron»*)* las ayudas.

·395· El rey se echó con mi madre: a quien me iré a quejar?

·396· El que se va como banquier *(banquero)*: a mí me deja sin un diez *(sin un céntimo). (Suele decirse cuando un marido no le da dinero a su mujer.)*

·397· El sol y la luvia es para todos.

·398· El sueño no tiene dueño.

·399· El togar *(del hebreo,* תגר*, «extranjero, campesino»)* al hogar, y la ceniza al mar.

·400· El tuman *(pantalón)* de los siete hermanos. *(Dícese cuando una cosa sirve para varias personas.)*

·401· El uno parte la leña, el otro dice: ¡Ah! (Véase también el refrán 1251.)

·402· El vestir es a la honor del mundo, el comer a la savor.

·403· El viejo quere más vivir, para más ver y oir.

·404· El zapatero lleva el zapato roto.

·405· Embeza *(aprender)* la arte, cómetela a parte.

·406· Embezada está la cavra *(ha aprendido, se ha acostumbrado)* a durmir al sereno.

·407· En boca cerrada no entra mosca.

·408· En cada tierra su uso.

·409· En casa del jugador hay más de tristeza que de alegría.

·410· En casal sin perros, la gente va sin palos.

·411· En el escuro (*la oscuridad*) es todo uno.

·412· En el lodo no caye (*o* «cabe») mancha.

·413· En el plato que comió, escupió. (VÉASE TAMBIÉN EL REFRÁN 423.)

·414· En hueso de marfil se topa siempre de roer (*o* «se topa onde ruñir»).

·415· En la boca tengo un grillo que me dize: dilo, dilo!

·416· En la boda de Mochon (*nombre popular de Moisés*), degollaron un pájaro.

·417· En la boda no hubo frutos, más que laquirdis (*del turco,* «*palabras*») de zapatos.

·418· En la guerra no se esparten (*reparten*) confites. (VÉASE TAMBIÉN EL REFRÁN 422.)

·419· En lo que (*u* «onde») estamos, benedicamos.

·420· En mancanza (*falta*) de pan, buenas son y tortas. O: «Mancando el pan buenas son tortas».

·421· En pies de otros, que primura tiene.

·422· En pleito no se esparten (*reparten*) confites. (VÉASE TAMBIÉN EL REFRÁN 418.)

·423· En pozo que bebites agua, no escupes. (VÉASE TAMBIÉN EL REFRÁN 413.)

·424· En que se va la candela del povre? En contar la hazienda del rico.

·425· En que se va tu dinero? En kemanes (*del persa-turco,* «*violines*») y panderos.

·426· En tiempo de hambrera (*hambruna*) no hay mal pan.

·427· En tierra de ciegos, el tuerto es rey.

·428· En un gallinero no hay lugar para dos gallos.

·429· En un vaso de agua hay cabod (*del hebreo,* כבוד, «*honor*»).

·430· Enciegar y no ver.

·431· Entre col y col, lechuga.

·432· Entre la madre y la comadre.

·433· Entre la paz y la guerra, guay! de quien la lleva.

·434· Es perder tiempo, querer voltar lo blanco a preto.

·435· Escoge tela de buena hoja *(buen hilo)* y hija de buena madre.

·436· Escovas nuevas barren bueno.

·437· Escrito está en la palma, lo que tiene de pasar el alma.

·438· Espantada la esposa de ver tanta cosa.

·439· Esperemos, asno, a la hierba nueva.

·440· Este mundo es redondo, quien no save girarlo caye al hondo. (Véase también el refrán 739.)

·441· Este mundo es un golondrino: quien lo bebe de agua, quien lo bebe de vino.

·442· Estírate Isachar, si quieres esposar.

·443· Esto es agua para su molino.

F

·444· Faghfuri findjan (*del turco, «una de porcelana»*) entró por la puerta, salió por el djam (*del árabe-turco, «cristal, ventana»*). (*Alusión a la fragilidad y escasa duración de los objetos.*)

·445· Fierro con fierro se aguza.

·446· Fin que tu ías (*ibas*), yo ya venía.

·447· Fríete en el aceite y no demandes de la gente.

·448· Fuí del perejil, me creció en la nariz.

·449· Fuye de la mala hora (*o «de una hora mala»*), vivirás mil años. (VÉASE TAMBIÉN EL REFRÁN 457.)

G

·450· Gana Mochon para pichepon (*goloso*).

·451· Ganar, ganar, casar no hay.

·452· Gato escaldado del agua fría fuye. *O:* «Gata escaldada fuye de agua fridada (*fría*)».

·453· Gozo de un punto, daño de un mundo.

·454· Grande y chica tálamo quere.

·455· Grano a grano, hinche la gallina el papo.

·456· Guardado es lo que el Dio guarda.

·457· Guárdate (*o* «bicléate», *del turco,* «guardar») de la mala hora, vivirás mil años. (VÉASE TAMBIÉN EL REFRÁN 449.)

·458· Guárdate, te guardaré.

·459· Guay! de la nave que tiene muchos navigadores.

·460· Guay! del día de las alabaciones.

·461· Guay! del povre y su día preto (*su día malo*).

H

·462· Hablad la verdad, perded la amistad.

·463· Hablar y pecar.

·464· Hagamos hijos de bendicion (*con honestidad, legítimos*).

·465· Haham (*sabio*) y mercader, alegría de su (*o* «*de la*») mujer.

·466· Hal de mi hal (*del árabe-turco,* «*situación, posición*»), pariente de mi carcañal (*talón, dícese de un pariente lejano*).

·467· Halifa (*nombre propio*) de mí no era nada, su mujer era mi hermana.

·468· Hana detrás de Hanulu. (*Dos mendigos, uno detrás de otro.*)

·469· Haragan en chico, ladron en grande.

·470· Haragan y consejero. (VÉASE TAMBIÉN EL REFRÁN 1134.)

·471· Harás y verás, negras hadas.

·472· Harto me veo, parece que me lo comí.

·473· Hasta que al rico le viene la gana, al povre le sale la alma.

·474· Hay ciego que tope hallado?

·475· Haz bien y no mires con quien.

·476· Hazer bien con perros.

·477· Hazer castillos en el aire. (VÉASE TAMBIÉN EL REFRÁN 481.)

·478· Hazer de noche día. (*A aquellos que trabajan de noche.*) (VÉANSE TAMBIÉN LOS REFRANES 551 Y 1105.)

·479· Hazer de tripas corazon.

·480· Hazer de una pulga un gamello. (Véase también el refrán 248.)

·481· Hazer torres de viento. (Véase también el refrán 477.)

·482· Hazer y no agradecer.

·483· Hazerse del Mordochay. *(Hacerse el sordo.)*

·484· Hazino *(enfermo, del árabe, «triste, afligido»)* y muerto, ya dio la vuelta. *(Apenas enfermo, ya se murió.)*

·485· Hermano para día malo.

·486· Hermanos y no de un parecer. (Véanse también los refranes 154 y 1211.)

·487· Hermosa la novia, ma ciega de un ojo. (Véase también el refrán 1208.)

·488· Hija de casar, muela de quitar. (Véase también el refrán 489.)

·489· Hija de casar, nave de encargar. (Véase también el refrán 488.)

·490· Hija en casa, papona *(golosa)* y haragana.

·491· Hija mía Delicia *(nombre propio)*, todo lo que vee cobdicia. *O:* «Mi hija Delicia todo lo que vee cobdicia». (Véase también el refrán 268.)

·492· Hijo fuites, padre serás, lo que hicites te hacerán.

·493· Hijo mío pedo, va tarde, ven temprano.

·494· Hijo savido, gusto de su padre; hijo loco, angustia de su madre.

·495· Hijos de mis hijos dos vezes mis hijos. (VÉASE TAMBIÉN EL REFRÁN 543.)

·496· Hijos no tengo, nietos me lloran.

·497· Hijos y haziendas no se hazen por manos agenas.

·498· Hinchir cufas de saman (*del turco, «paja»*) y echar a la mar. (*Decir tonterías.*)

·499· Hombre acavidado (*precavido*) no muere matado.

·500· Hombre de casal, tizon de Guehinam (*del hebreo*, גהינם, *«infierno»*).

·501· Hombre que no diga: de esta agua no bebo.

·502· Hombre reglado, patron en bolsa ajena. (VÉASE TAMBIÉN EL REFRÁN 99.)

·503· Hombre sin mujer, cavallo sin brida.

·504· Honra al loco, antes de que lo tengas de menester.

·505· Hora mala en piedra caída. (*Dícese de una piedra que se desprende de una pared y hiere a alguien.*)

·506· Horas buenas hayan! (*Que haya buenos momentos.*)

·507· Huerta y linda hija, onde la vezina. (VÉASE TAMBIÉN EL REFRÁN 359.)

·508· Hueso que te cayó en parte, llévalo con arte. *O:* «Llévatelo en arte».

·509· Huevo quere sal y fuego.

I

·510· Ir a pichar al Eyub. (*Ir muy lejos para muy poca cosa. Eyub es uno de los barrios más alejados del centro de Constantinopla.*) (VÉASE TAMBIÉN EL REFRÁN 511.)

·511· Ir a Stambul por una cuchara de arroz. (*Ir muy lejos por muy poca cosa.*) (VÉASE TAMBIÉN EL REFRÁN 510.)

·512· Ir por lana, venir (*o «tornar»*) trasquilado. (VÉASE TAMBIÉN EL REFRÁN 595.)

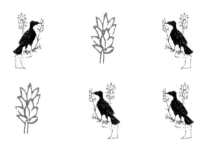

J

·513· Joha con el padre se entienden. (*Entenderse como ladrones de feria. Dícese también cuando una persona emite una opinión tonta y absurda y el interlocutor la aprueba.*) (EN CUANTO A JOHA, VÉASE EL REFRÁN 121.)

·514· Joha estuvo (*o* «se fué») al baño, tuvo de contar cien y un años. (*Joha contó durante ciento un años que estuvo en el baño. Dícese de alguien que cuenta durante mucho tiempo algo muy normal o bien algo muy extraordinario.*) (VÉASE TAMBIÉN EL REFRÁN 121.)

·515· Jurado tiene el baño que lo preto no lo hace blanco. (VÉASE TAMBIÉN EL REFRÁN 307.)

·516· Jurado tiene la mesa de no levantarse hambierta (*hambrienta*).

L

·517· La alma va salir por la boca.

·518· La ansiosidad (*pereza*) camina tan apoco, que la miseria la pueda apañar (*alcanzar*).

·519· La balanza dize cuanto pesa, ma no (*o:* «y no») cuanto vale.

·520· La boca de la gente es muy ancha.

·521· La boca es una maladia (*enfermedad*), que come la noche y va por el día.

·522· La boca haze, la boca deshaze.

·523· La bolsa del rico se vazía y la del povre no se hinche.

·524· La bota llena, la mujer borracha.

·525· La candela del mentiroso no dura largo.

·526· La casa del doliente se quema, y no se siente.

·527· La casa es un pozo que nunca se hinche. (VÉASE TAMBIÉN EL REFRÁN 528.)

·528· La casa es un pozo, quien la lleva no tiene reposo. (VÉASE TAMBIÉN EL REFRÁN 527.)

·529· La casa llena, presto se haze la cena.

·530· La casa no save ni de prove, ni de harina.

·531· La casa y la morada en la mano que anda.

·532· La caveza me cortas, el plazer no me rompas.

·533· La caveza te rompo y el hatir no. (*Te rompo la cabeza pero no rechazo tu oración.*)

·534· La cereza se alabó: salió gusanienta (*con gusanos*) o «se gusaneó».

·535· La cerradura de puerta no es para el enemigo, sino para el amigo.

·536· La cevollica de Sedom (*del hebreo*, סדם, *«Sodoma»*). (*Dícese de una mala persona.*)

·537· La cola del perro estuvo cien años en la prensa: al cavo salió tuerta. (VÉANSE TAMBIÉN LOS REFRANES 378 Y 604.)

·538· La conseja es consejo. (*El cuento es un consejo.*)

·539· La creatura, de la teta ya se conoce.

·540· La creatura y la moscadra (*mosca*) en el verano se conocen.

·541· La gola (*garganta*) tiene siempre mazal (*del hebreo*, מזל, *«suerte»*).

·542· La hambre y el frío traen a la puerta del enemigo. (VÉASE TAMBIÉN EL REFRÁN 351.)

·543· La hermana de tu madre es dos vezes tu madre. (VÉASE TAMBIÉN EL REFRÁN 495.)

·544· La hija en la faja, la ajugar (*el ajuar*) en la caja.

·545· La hija y el Pesah (*del hebreo*, Pesaj פסח, *«Pascua»*) no se escapan fin noche de Pesah. (VÉASE TAMBIÉN EL REFRÁN 383.)

·546· La hize de miel, me amargó la fiel.

·547· La honrada en medio del campo.

·548· La hora de la pichada, fragua la privada.

·549· La ida está en mi mano, la venida no sé cuando.

·550· La joya es una cosa que a la fea la haze hermosa y indemás (*sobre todo, además*) a la henosa (*del hebreo*, חן, *«gracia»*).

·551· La labor de la Judía, afanar de noche y folgar de día. (VÉANSE TAMBIÉN LOS REFRANES 478 Y 1105.)

·552· La lengua no tiene hueso, ma quebranta hueso.

·553· La limpieza es media riqueza.

·554· La madre del mudo entiende al mudo.

·555· La madre haragana, la hija nicochera (*o «casera»*). (VÉASE TAMBIÉN EL REFRÁN 556.)

·556· La madre haragana quita a la hija haragana. (VÉASE TAMBIÉN EL REFRÁN 555.)

·557· La madre piadosa quita su hija tiñosa (o «moco-sa, o «nerviosa»).

·558· La madre y el delantal tapan mucho mal.

·559· La maña está debajo del alma.

·560· La mar y la preñada en un punto es resolvida.

·561· La mejor pera (o «fruta») se come el puerco.

·562· La mentira se viste de mil colores.

·563· La mentira tiene pies curtos.

·564· La miel se haze querer y la fiel se haze aborrecer.

·565· La muerte me sería colcha de sirma (seda). (O sea, preferiría la muerte.)

·566· La mujer dura (avara) mete al marido por escusas (o «por escundra», viga, apoyo).

·567· La mujer mala mete la comida en la mesa, a volta cara. (Dícese de la maldad de una mujer.)

·568· La mujer sabia fragua la casa, y la loca con sus manos la derroca.

·569· La mujer y la gallina por el mucho andar son perdidas.

·570· La nave me se batirió (*del turco, «naufragó»*) del sandal (*barca, embarcación*), me vo (*me voy*) a ayudar.

·571· La nochada mal pasada, y selihot (*del hebreo,* סליחות, *«oración del alba durante el mes que precede al año nuevo y al ayuno de Kippur»*) a la madrugada.

·572· La noche habla a vagar (*suavemente*), el día mira detrás.

·573· La nuera bien me guisa, guay! de la aceite y de la harina. (VÉASE TAMBIÉN EL REFRÁN 703.)

·574· La olla no sona, si no hay algo dientro.

·575· La palabra de la boca mucho vale y poco cuesta.

·576· La palabra del marido engodra (*por «engorda»*) por el oído.

·577· La palabra tiene cuatro cavos, por onde queres la tomas.

·578· La pera no caye lejos del peral.

·579· La piedra patladea (*del turco, «se rompe»*), la persona no. (*Hablando de un avaro.*)

·580· La pita (*gallina*) que me va a dar, la meta al tablado (*estantería*). (*Dícese de una persona poco dispuesta a dar lo que se le va a pedir.*)

·581· La preñada mueve (*aborta*), la alma se le muere.

·582· La primera mujer es cagona, la segunda señora.

·583· La puta cave (*es recibida*) y la michiliquera (*chismosa*) no.

·584· La rosa a la fea haze hermosa. (VÉASE TAMBIÉN EL REFRÁN 586.)

·585· La rosa en su tiempo se avre.

·586· La rosa es una cosa que a la fea la haze hermosa. (VÉASE TAMBIÉN EL REFRÁN 584.)

·587· La rosa se seca, (*ma*) la virtud queda.

·588· La tripa es un cementerio, la cabeza un puente (*o «un ponte»*). (*Se le dice a alguien para aconsejarle que guarde bien un secreto.*)

·589· La vaca tiene la lengua larga, guay! que hablar no puede. (VÉASE TAMBIÉN EL REFRÁN 313.)

·590· La ventura de quien (*o «para quien»*) la procura. (VÉASE TAMBIÉN EL REFRÁN 33.)

·591· La verdad va enzima, como la azeite.

·592· La vezina parió, a mí se me apegó. (*Cuando se pierde el tiempo por culpa de alguien.*)

·593· La vida es un pasavolante. *O:* «La vida es sueño».

·594· Las manos hazen, el Dio ayuda.

·595· Las mulas fueron a buscar cuernos, vinieron sin orejas. (Véase también el refrán 512.)

·596· Las paredes tienen oídos.

·597· Las vozes de el tamburelo (*pregonero*) se sienten de lonje (*lejos*).

·598· Lavor hecha dinero espera.

·599· Lavor que haya, que salud no manca.

·600· Le das la mano, quere y el pie.

·601· Le está bien como la mosca en la leche.

·602· Lejos de vista, lejos de corazon.

·603· Lejos la mala hora.

·604· Leño tuerto nunca se enderecha. (Véanse también los refranes 378 y 537.)

·605· Leon que está durmiendo, no lo espiertes (*o* «no lo espertes»).

·606· Limon y agua de mar.

·607· Lo claro, el Dio lo bendijo.

·608· Lo dais con las manos, no lo toméis ni con vuestros pies.

·609· Lo que cosí, no descosí.

·610· Lo que de noche se haze, de día parece.

·611· Lo que dize el asno, dize y el cavallo.

·612· Lo que el Dio guarda es bien guardado.

·613· Lo que el Dio no mata, no mata ninguno.

·614· Lo que habla la madre en el hogar, lo habla la hija en el portal.

·615· Lo que hazía Matras: que metía la mano, quitava más.

·616· Lo que la vieja quería, en el sueño le venía (*o* «entre sueños se lo veía»).

·617· Lo que manos no tocan, paredes no echan (*o* «no ronjan»). (*Lo que las manos no tocan, las paredes no lo rechazan. Dícese cuando no se encuentra un objeto que se ha dejado cerca de un muro.*)

·618· Lo que moví (*lo que aborté*), parí. (*Se cosecha lo que se ha sembrado.*)

·619· Lo que no acontece en un mundo, acontece en un punto.

·620· Lo que no parí no cresca. (*Que lo que no he engendrado no crezca.*)

·621· Lo que no tienes que hazer, déjalo bien coser.

·622· Lo que otro sudó (*o* «suda») a mí poco me duró (*o* «dura»).

·623· Lo que pasa por los dientes, lo save toda la gente.

·624· Lo que pasí, pasí; lo que tengo que pasar no sé.

·625· Lo que pensa (*o* «se pensa») al amigo va al enemigo. (*Lo que se piensa para el amigo, va al enemigo.*)

·626· Lo que se haze con su mano, no se le haze ni su hermano.

·627· Lo que se haze en la boda no se haze en cada hora.

·628· Lo que se usa no se escusa. (Véase también el refrán 629.)

·629· Lo que se usa se escusa. (Véase también el refrán 628.)

·630· Lo que sobra del ladrón va el endevino (*adivino*).

·631· Lo que te rascas, cuando no te come? (Véase también el refrán 17.)

·632· Lo que ve la señora suegra.

·633· Los buenos son los que se pesan, y no lo sienten.

·634· Los del novio son lo que son, que los de la novia no son nada.

·635· Los grandes pelean, los chicos las llevan.

·636· Los meollos salieron a la plaza, cada uno escojo (*o* «tomó») el suyo.

·637· Los tiñosos son venturosos.

Ll

·638· Llagas con papas (*emplasto*) no son llagas.

·639· Llagas curadas duelen y no tanto (*o* «ma no tanto»). (Véanse también los refranes 640 y 641.)

·640· Llagas untadas medias pasadas. (Véanse también los refranes 639 y 641.)

·641· Llagas untadas son medicinadas. (Véanse también los refranes 639 y 640.)

·642· Llámame olla, solo no me rompas.

·643· Llamí al gato por compañía, abrió los ojos, me espantó.

M

·644· Madrastra? El nombre ya le basta (o «el nombre le abasta»).

·645· Maestro, viteis algo? Si no viteis, miraldo. (*Cuando alguien se jacta de una mala acción.*)

·646· Majo y agua en el mortero. (*Hacer esfuerzos vanos.*)

·647· Mal año (*maldito sea*) bacin de oro que vierte sangre de otro.

·648· Mal de durera, mal de cagalera. (*Tanto el estreñimiento como la diarrea son malos.*)

·649· Mal de rico, poco mal y mucho trafico.

·650· Mal de muchos, consuelo de locos.

·651· Mal pagador, buen recavdador. (VÉASE TAMBIÉN EL REFRÁN 962.)

·652· Mal robado y bien vendido.

·653· Maldición buen día no traye.

·654· Mancebo, leon; casado, cagon (o «cagalón»).

·655· Mano que queres ver herida, bésala. (VÉASE TAMBIÉN EL REFRÁN 86.)

·656· Mano que se corta con din (*discernimiento*), no duele.

·657· Mar y huerta, que no hay vuelta (*no hay otra cosa*). (*Para indicar una existencia monótona.*)

·658· Marido, carbon! Marido, jabon! Marido, leña! así viva su cabeza que sea seca. (VÉANSE TAMBIÉN LOS REFRANES 659, 660 Y 900.)

·659· Marido en casa, dolor de quejada. (*No es bueno para la mujer que el marido esté siempre en casa.*)

·660· Marido, lo quero, presto lo quero. (VÉANSE TAMBIÉN LOS REFRANES 658, 661 Y 900.)

·661· Marido, tráeme la lana, que ya me vino la gana. (VÉASE TAMBIÉN LOS REFRANES 658, 660 Y 900.)

·662· Más come el ojo que la vientre (o «que la boca», o «que la ceja»).

·663· Más da el duro (avaro) que el desnudo (pobre).

·664· Más de metro (medida), borracho.

·665· Más de vergüenza que de grado.

·666· Más duele la palabra del amigo que la cuchillada del enemigo. (VÉASE TAMBIÉN EL REFRÁN 864.)

·667· Más dura la pared rota que la sana. (VÉASE TAMBIÉN EL REFRÁN 668.)

·668· Más dura un tiesto roto que uno sano. (VÉASE TAMBIÉN EL REFRÁN 667.)

·669· Más presto se asenta una mesa de barbudos que una de mendrugos. (Los ancianos no son exigentes.)

·670· Más presto se van los corderos que los carneros.

·671· Más save un loco en la plaza que el sesudo en su casa.

·672· Más tocan (o «aconantan») dientes que parientes. (VÉASE TAMBIÉN EL REFRÁN 383.)

·673· Más vale caer en un río furiente que en boca de la gente.

·674· Más vale el hazan (*del hebreo,* חזן, *«oficiante»*) que el kal (*del hebreo,* קהל, *«asamblea»*) entero. (*Dícese a alguien a quien se le quiere hablar mal de varias personas.*)

·675· Más vale murir Judío y no murir Turco.

·676· Más vale que llore el hijo de lo que el padre.

·677· Más vale que vos vea el marido cagando, y no paponando (*comiendo*).

·678· Más vale ser cola al león que cabezera al raton.

·679· Más vale ser cornudo que no lo sepa ninguno, que sin serlo, pensarlo todo el mundo.

·680· Más vale solo que mal acompañado.

·681· Más vale tarde que nunca.

·682· Más vale un asno que me lleva, que un caballo que me echa.

·683· Más vale un buen vezino que un hermano y primo.

·684· Más vale un pájaro en la mano (*o* «más vale uno en la mano») que ciento volando.

·685· Más vale una colorada (*mujer rubia*) que ciento amarillas.

·686· Más vale una drama (*del árabe-turco, dracma, la cuadragésima parte de un ocque*) de masal, (*del hebreo,* מזל, *«suerte»*) que una oca (*del turco, equivalente a 1282 gramos*) de ducados.

·687· Más vale (*o* «mejor es») vergüenza en cara y no (*o* «que») dolor en el (*o* «de») corazón.

·688· Mazalto (*nombre propio*) enclava (*clava*) y yo buraco (*agujereo*).

·689· Me callo por el tiempo que me hallo (*sobrentendido:* «en tus manos»).

·690· Me olvidí que era casado, me comí la cena.

·691· Médico y dulguer (*del turco,* «*carpintero*») onde el enemigo.

·692· Mejor es beber una bota y no verter una gota. (VÉASE TAMBIÉN EL REFRÁN 83.)

·693· Mejor mentira de la verdad no hay.

·694· Melon y queso, cómelos con peso (*moderadamente*).

·695· Menta al malo, apareja el palo.

·696· Mentado sea, ma torne más. (VÉANSE TAMBIÉN LOS REFRANES 864 Y 1260.)

·697· Mentado y dado al palo (*o* «al ducado»). (*Cuando se habla del lobo, etc.*)

·698· Meteldo al sol, le veréis el corazon.

·699· Méteme en la resta (*número*) que cevollica soy. (*También yo cuento.*)

·700· Mi haber (*del hebreo*, חבר, «*compañero*») ganador, lleva tres, trae dos.

·701· Mi hijo hecho y cojo, novias a vente y ocho.

·702· Mi madre me casa y yo no lo sé.

·703· Mi nuera bien me guisa: guay! de la azeite y de la harina. (Véase también el refrán 573.)

·704· Mi padre fué rosca (*pastelito*); yo muero de hambre.

·705· Mi sueño suelto, mi enemigo muerto.

·706· Mi vezina me deshonró una vez, y yo dos y tres.

·707· Mi vezina parió: a mí se me apegó. (Véanse también los refranes 592, 759 y 1247.)

·708· Mi viña entre viña, mi casa entre buenas vezinas. (Véase también el refrán 977.)

·709· Michiliquera (*chismosa*) mata tres, tres maridos en un mes.

·710· Miedo tendré y bueno no seré.

·711· Mil años en cadenas, y no debajo de tierra.

·712· Mil muertes y no un celo. (Véase también el refrán 317.)

·713· Mil penserios (*pensamiento*) no pagan una devda.

·714· Mil que (*aunque*) sea godra (*por* «gorda») la gallina, aun tiene menester de la vezina.

·715· Mil sesudos (*o* «savios») que te maten y no un loco que te abedigue (*salve*).

·716· Mira la madre, toma la hija.

·717· Miradvos la nariz.

·718· Mis hijos casados, mis males doblados. (Véase también el refrán 719.)

·719· Mis hijos casados, mis nietos doblados. (Véase también el refrán 718.)

·720· Moché *(Moisés)* murió, ley nos dejó.

·721· Mochonico *(diminutivo de Mochón, Moisés)* fué a Safet *(ciudad del pachalik de Acre, antes Betulia)*, más negro vino de lo que se fué.

·722· Moplato *(pastel muy pesado)* ni alea, ni menea. *(Dícese de alguien que no sirve para nada.)*

·723· Mucha miel *(o «la mucha miel»)* bulanea *(del turco, «tener náuseas»)* *(o: «arrevuelve» o «haze daño»).*

·724· Mucho corrí, nada alcancí.

·725· Mucho gasto y mal sábado.

·726· Mucho hablar, mucho errar.

·727· Mucho vale y poco luze. (VÉANSE TAMBIÉN LOS REFRANES 885 Y 1201.)

·728· Muchos arroyos hazen los ríos. (VÉASE TAMBIÉN EL REFRÁN 729.)

·729· Muchos pocos hazen mucho. (VÉASE TAMBIÉN EL REFRÁN 728.)

·730· Muchos son los amigos, pocos son los escogidos.

·731· Muérete, te quereré bien.

·732· Muerte no es venganza, ma es buena escombranza *(liberación).*

·733· Muerte sin achaque no hay. (VÉASE TAMBIÉN EL REFRÁN 781.)

·734· Muerte y mal suerte.

·735· Mujer en la ventana, parra en el camino real.

·736· Mujer honrada a la punta de la montaña.

·737· Mujer sin criaturas es un árbol sin frutas. *(O: «Mujer sin criatura, árbol sin fruta».)*

·738· Mujer, vos quero quitar *(divorciar):* vos rogo que me crecentéis la quituba *(del hebreo, כתובה, carta de matrimonio).*

·739· Mundo, mundo redondo, el que no save girarlo, cae al hondo. (VÉASE TAMBIÉN EL REFRÁN 440.)

N

·740· Nave sin timon es mujer sin marido.

·741· Ni ajo comió, ni la boca le fedió. *O:* «Ni ajos comí ni la boca me fiede».

·742· Ni ajo dulce, ni leño sin humo.

·743· Ni ajo dulce, ni Tudesco bueno.

·744· Ni al cantador: «canta!» ni al bebedor «bebe!». (Véase también el refrán 35.)

·745· Ni al meldar *(escuela)* me quero ir, ni albasa *(del árabe-turco, «vestidos»)* quero tomar. *(No quiero ni una cosa ni la otra.)*

·746· Ni bien cumplido, ni mal atemado.

·747· Ni cabello ni cantar no se mete en ajugar (*por* «ajuar»).

·748· Ni casa sin tacha, ni mesura sin tara.

·749· Ni con chicos, ni con viejos.

·750· Ni el cielo lo echó, ni la madre lo parió. (*Dícese de un idiota.*) (VÉASE TAMBIÉN EL REFRÁN 318.)

·751· Ni los dedos de la (*o* «de una») mano son igual.

·752· Ni luvia sin truenos, ni parto sin dolores. (VÉANSE TAMBIÉN LOS REFRANES 783 Y 1017.)

·753· Ni mesa sin pan, ni armada sin capitan.

·754· Ni me veo (*por* «voy») ni me meneo sin que el fondo no veo.

·755· Ni miércoles sin sol, ni viuda sin dolor, ni muchacha sin amor.

·756· Ni novia sin cejas, ni boda sin quejas.

·757· Ni onde tu tía vayas cada día.

·758· Ni para vivos lograr, ni para muertos abediguar (*salvar*).

·759· Ni parí, ni crií, cagada me topí. (VÉANSE TAMBIÉN LOS REFRANES 707 Y 1247.)

·760· Ni Pesah (*del hebreo, Pesaj* פסח, «*Pascua*») sin masá (*del hebreo,* מצה, «*pan ácimo*»), ni hijos sin casar.

·761· Ni Sábado es, ni el aspro (*moneda turca, vale un tercio de* «para» *y el* «para» *la cuadragésima parte de una* «piastra») (*o* «ni el ducado») está en bajo (*por el suelo*). (*Los judíos no tocan dinero en sábado.*)

[59]

·762· Ni tan curto como Hursi (*nombre de mujer*), ni tan largo como Simantob (*nombre de hombre*).

·763· Ni te maldigo, ni te bendigo, sino a la hora que te lo digo. (*No te estoy maldiciendo ni bendiciendo, únicamente consideres el modo en que te hablo.*)

·764· Ni te vide ni te conocí. (*No te conozco.*)

·765· Ni trigo sin paja, ni sueño sin boraja.

·766· Ninguno muere si la hora no viene.

·767· Ninguno save lo que hay en la olla más que la cuchara (*o «el cucharon que la menea»*).

·768· Ninguno save lo que mi alma consiente.

·769· No con quien naces, sino con quien paces.

·770· No deja la tizna a la caldera. (Véase también el refrán 285.)

·771· No dejar ni arado ni sembrado.

·772· No dejar saliva en la boca. (*Cuando algo o alguien resulta fatigante.*)

·773· No demandes ni al médico, ni al savio, sino al que lo pasa. (*Al que tiene experiencia.*)

·774· No hables mal del día, hasta que anochece. (Véase también el refrán 1199.)

·775· No hay boda sin pandero.

·776· No hay fuego sin humo.

·777· No hay madre más que (*o «de»*) la que pare.

·778· No hay mal que por bien no venga.

·779· No hay más falso que la risa en la cara.

·780· No hay mejor espejo que un amigo viejo.

·781· No hay muerte sin achaque. (*No hay muerte sin causa.*) (Véase también el refrán 733.)

·782· No hay nacido que no murió.

·783· No hay parto sin dolores. (Véanse también los refranes 752 y 1017.)

·784· No hay plazo que no se cumpla ni devda que no se pague.

·785· No hay quien se arelumbre (o «alumbre») de su candela.

·786· No llames a tu hija Bella, hasta que no quita sarampión y viruela.

·787· No me creo hasta que no lo veo.

·788· No me enforques aquí, enfórcame allí.

·789· No me llores pobre, llórame sola.

·790· No me mires la color, mírame la savor.

·791· No merecer alguno que lo alumbre (o «arelumbre») el sol.

·792· No muere bruja si no viene otra en su lugar.

·793· No nació que ya sornudó (por «estornudó»).

·794· No pesques con pesca, ni cavalles potro, ni tu mujer alabes a otro.

·795· No querer ver mi la solombra de alguno. (*No querer ver a alguien ni en pintura.*)

·796· No se encuvre ni del Dio ni de la vezina.

·797· No se espanden (*no se extienden*) los pies más de la colcha. (*No se puede hacer lo imposible.*)

·798· No se mira el moco sino onde colga. (*Hay que considerar al hombre, no sus actos.*)

·799· No ser pelo de masa. (*No dejarse engañar con facilidad.*)

·800· No tener uñas.

·801· No venga a descubiertura lo que teta la criatura.

·802· No venga al rey el mal, que todo hay de pasar.

·803· No venga la hora mala que todo pasa.

·804· Novia chica, novia grande, tálamo quere.

·805· Nuevo! nuevo! con un buraco en medio!

·806· Nunca te espantes de guerra, hasta que vive el rey en la tierra.

O

·807· Obras son amores.

·808· Obras son querencias.

·809· O de pan, o de conducho (*condujo*), cale henchir el bucho (*o* «el papo»).

·810· Oigan tu orejas palabras de tu boca. *U:* «Oiga tu oreja lo que dize tu boca».

·811· Ojos que han de quebrar, todo tienen que mirar.

·812· Ojos que lloran, bien no oran.

·813· Oliva y azeituna, todo es una.

·814· Olla de muchos no bulle.

·815· Onde entra el beber sale el saver.

·816· Onde hay bien querer, no hay mal meter.

·817· Onde irás, amigos toparás.

·818· Onde no hay conducho, entra pan mucho.

·819· Onde no lo sembras (*o* «sembráis»), allí crece.

·820· Onde no va su dueño, no ve su día bueno. (*El ojo del amo.*)

·821· Onde se comen las malas cenas? Onde hay hijos de tres maneras (*es decir, de tres madres*).

·822· Onde va la centella? Al ojo de la malograda.

·823· Ora que besemos a nuestro marido en la puerta de Balat (*barrio muy popular de Constantinopla*) por lugar tena (*desierto*).

·824· Orejas de mercader.

·825· Oro martillado relumbra.

·826· Otro vendrá que de mi lugar me quitará.

P

·827· Paciencia es como la ciencia. (VÉANSE TAMBIÉN LOS REFRANES 828 Y 829.)

·828· Paciencia es pan y ciencia. (VÉANSE TAMBIÉN LOS REFRANES 827 Y 829.)

·829· Paciencia es paz y ciencia. (VÉANSE TAMBIÉN LOS REFRANES 827 Y 828.)

·830· Paciencia, piojo! que la noche es larga.

·831· Paga a quien deves, savrás lo que tienes. (VÉANSE TAMBIÉN LOS REFRANES 832 Y 1037.)

·832· Paga lo que deves, saves lo que tienes. (VÉANSE TAMBIÉN LOS REFRANES 831 Y 1037.)

·833· Págame lo que deves, que lo que te devo en cuento ya estamos. (*O*: «págame lo que me deves, por lo mío en cuento estamos» *o* «Págame lo que me deves, que lo mío no se conta».)

·834· Pagan justos por pecadores.

·835· Palos contados no duelen.

·836· Pan bayat (*del turco, «sentado»*) con caimaq (*del turco, «crema de leche»*).

·837· Pan caliente con azeite.

·838· Pan con sal y sal con savor.

·839· Pan de casa no agrada.

·840· Pan duro haze cara y culo.

·841· Pan hielado con pescado.

·842· Pan y (*o* «pan con») halva (*del turco, especie de pasta dulce hecha con azúcar o miel*) para no hadrar ni encañar (*ensuciar*).

·843· Pan y huevo, que no viene de nuevo. (*Pan y huevos no son nada nuevo.*)

·844· Pan y sal y buena voluntad.

·845· Paños dan honores. (Véase también el refrán 159.)

·846· Para bien no puedo, para mal me esfuerzo.

·847· Para como está mi padre, justo está mi madre.

·848· Para cuando queréis la riqueza? Para noche de Pesah (*del hebreo, Pesaj* פסח, «Pascua»).

·849· Para el desnudo, más vale dos que uno.

·850· Para el mal y el bien, sehel (*del hebreo,* שכל, «*inteligencia*») cale (*o* «se debe») tener.

·851· Para este musafir (*del árabe-turco,* «huésped»), ya está bueno este pichkir (*del turco,* «lavamanos»). (*A todo señor, su honor.*)

·852· Para hazer como te hazen, no prime maestria.

·853· Para lo hecho no hay provecho (*o* «remedio»).

·854· Para quien ganas, ganador? para quien está de cara para el sol.

·855· Para ti mentiras, para mí verdad.

·856· Para un huevo (*o* «Para huevo») se quere sal y fuego.

·857· Para uno sin ley, se quere una sin fe.

·858· Pare, mujer (*o* «mi mujer»), que la cuenta justa está.

·859· Pares y nones son suyas.

·860· Parid cuervos, para que vos quiten los ojos.

·861· Parientes y mobles viejos, un poco lejos.

·862· Pasa el hombre más que el fierro.

·863· Pasa punto, pasa mundo.

·864· Pasado sea, no torne más. (Véanse también los refranes 696 y 1260.)

·865· Pasan malas cuchilladas y no malas palabras. (Véase también el refrán 666.)

·866· Pastelero, de tus pasteles no te menees. (Ne, sutor, ultra crepidam —equivalente al actual: «Zapatero, a tus zapatos, y déjate de otros tratos».)

·867· Pastelico y baño duren (o «no nos manquen») todo el año.

·868· Pecado otorgado, medio perdonado. (Véase también el refrán 206.)

·869· Pensa bueno cien mañanas.

·870· Pepino yerli (del turco, «indígena»), hazan (del hebreo, חזן, «oficiante») de afuera. (Ambos son poco estimados.)

·871· Perdido (o «pedrido») es el que va detrás del perdido.

·872· Perdona (o «pedrona»), señora suegra, que me cayó un bilibiz (guisante).

·873· Perro ladrador, nunca mordedor (o «nunca bien mordedor».) (Véase también el refrán 875.)

·874· Perro que está callado (o «durmiendo»), no le digas: ost!, que te modre (por «morde»).

·875· Perro que mucho ladra no modre. (Véase también el refrán 873.)

·876· Pescado grande englute al chico.

·877· Pichada sin pedo, como boda sin pandero.

·878· Pi!, dijites; muerte mereces. (Ensañarse de forma desmedida.)

·879· Pie con pie, marido en la forca.

·880· Pierde (o «piedre») el amor y no la repuesta.

·881· Pies no tiene, calzada (o «carrera» o «camino»), quere dar. O: «Pies no tiene, correr quiere».

·882· Piojo sovre costura. (Persona inoportuna.)

·883· Poco baño, poco daño.

·884· Poco hablar, salud para el cuerpo.

·885· Poco vale y mucho luze. (Véanse también los refranes 727 y 1201.)

·886· Poco vive el que cela. (*Los celosos viven poco tiempo.*)

·887· Pólvora, señor del mundo.

·888· Por descanso, al papu (*el abuelo*) en brazos. (*En vez de descansar, cargar con el abuelo. Una fatiga tras otra.*)

·889· Por deseo de tchizmé (*del turco, «botas»*), los pies en el cantarico. (Véase también el refrán 294.)

·890· Por dezir fuego no se quema la boca.

·891· Por dezir tiña, que haze Bunula (*nombre de mujer*)? (*Despropósito.*)

·892· Por dezirle «mócate», se arrancó la nariz.

·893· Por hablar la verdad, se pedre (*o «pierde»*) la amistad.

·894· Por la boca se calienta el horno.

·895· Por mucho que traiga el musafir (*del árabe-turco, «invitado»*), más quere el bal-abait (*del hebreo,* הבית בעל *«dueño de la casa»*).

·896· Por muy godra (*por «gorda»*) que sea la gallina, tiene de menester de la vezina.

·897· Por no tener que hazer quitar los ojos de la mujer. (*Dícese de aquellos que se ocupan de asuntos que podrían perjudicarlos.*)

·898· Por no tener que llorar, llorar a los movitos (*«abortones», animales mamíferos nacidos antes de tiempo*). (*Dícese de quien, no teniendo ninguna preocupación, se preocupa por lo de los demás.*)

·899· Por pismas de *(Por contrariar)* mi mujer, me la corto.

·900· Por si, por no, marido, mete capillo *(abrigo)*. (VÉANSE TAMBIÉN LOS REFRANES 658, 660 Y 661.)

·901· Por un poco de sal, se va la comida a mal.

·902· Por una pulga quemar una colcha. (VÉASE TAMBIÉN EL REFRÁN 269.)

·903· Porque corres si *(o «cuando»)* no te corre, y si te corre porque corres? *(¿Por qué corres si tus asuntos no funcionan, y si lo hacen, ¿por qué correr?)*

·904· Porque no queda en la plaza nada *(o «nada en la plaza»)*? Siendo cada uno, merca lo que le agrada.

·905· Povre y gabiento *(orgulloso, del hebreo, נבה, «orgullo»)*.

·906· Preso por mil, preso por mil y quinientos.

·907· Puedo, no puedo, con mi mujer me tomo. *(De grado o por fuerza, le echo la culpa a mi mujer.)*

Q

·908· Que darche (*predicación, del hebreo,* דרוש, *«sermón»*) mi hijo, que sea en Ticha Beab (*ayuno de Ab, en el que no se predica*).

·909· Qué pensaba y qué me salió? (*Cuando se espera una buena noticia y se recibe una mala.*) (VÉASE TAMBIÉN EL REFRÁN 12.)

·910· Qué perro fuye de la boda?

·911· Que sea marido, que sea en tapitico (*en una pequeña alfombra, es decir, muerto*).

·912· Que viva, que ya se haze. (*Dícese de un hijo malvado pensando que podrá corregirse.*)

·913· Quien adelante no pensa, atrás se topa (*se arrepiente*).

·914· Quien al cavo es llamado, por ravo (*por nada o por poca cosa*) es contado.

·915· Quien al cielo escupe, en la cara le caye. (VÉANSE TAMBIÉN LOS REFRANES 386 Y 940.)

·916· Quien al mar (*o «al río»*) se caye (*o «caye»*), y del culevro se engancha (*o «se apaña»*).

·917· Quien al rico (*o «Quien amo»*) sirvió, su tiempo perdió.

·918· Quien alma tiene, alma creye (*o «cree»*).

·919· Quien amargo englute, dulce no escupe.

·920· Quien anda, el Dio le manda.

·921· Quien bate (a) la puerta, oye su respuesta.

·922· Quien bien ata, bien desata.

·923· Quien bien está (*o «Quien en bien está»*) y mal escoge, del (*o «por el»*) mal que le viene que no se anoje

(o «enoje»). (O: «Quien bien tiene y mal escoge, peor le venga y no se anoje»).

·924· Quien bien haze, bien topa.

·925· Quien bien se quere en poco lugar cave. (*Hablando de dos personas que se quieren.*)

·926· Quien buen cavallo tiene, a pie camina.

·927· Quien buena pared tiene, bueno se arrima.

·928· Quien busca, topa.

·929· Quien calla, consiente.

·930· Quien calló, venció.

·931· Quien come mucho, ve poco.

·932· Quien come y deja, mete dos vezes mesa.

·933· Quien comió el queso? los ratones. (VÉASE TAMBIÉN EL REFRÁN 1059.)

·934· Quien comio y caso temprano, no se repentio.

·935· Quien con gato jugó, salió rescuñado (*con rasguños*).

·936· Quien con gatos (o «lovos») anda, a maullar se embeza (*aprende*).

·937· Quien con perros se echa, con pulgas se levanta. (VÉANSE TAMBIÉN LOS REFRANES 938, 1060 Y 1061.)

·938· Quien con pulgas se echa, con piojos se levanta. (VÉANSE TAMBIÉN LOS REFRANES 937, 1060 Y 1061.)

·939· Quien consuegra con parientes, apreta los dientes.

·940· Quien contra el aire escupe, su barba se escupe. (VÉASE TAMBIÉN EL REFRÁN 915.)

·941· Quien corre, (se) caye. O: «Quien mucho corre, se caye».

·942· Quien da en primero, da con miedo.

·943· Quien da y toma, le sale (o «le crece») corcova.

·944· Quien darcha («da un sermón», *del hebreo,* דרוש, *«sermón»*) a su mujer, no se yerra.

·945· Quien de afuera entrará, al dentro lo echará.

·946· Quien de ajenos vestirá, en medio de la calle los quitará. *O:* «Quien de otro se viste, en medio de la calle lo desnudan». *O:* «Quien emprestado se vistió, en medio de la calle se lo quitó».

·947· Quien de casa fuye, a casa torna.

·948· Quien de lo suyo quita al bazar, todos tienen de hablar. *O:* «Todo el mundo topa de hablar».

·949· Quien de los suyos habló, se repentió.

·950· Quien de mi sangre gustó, se tosigó.

·951· Quien de otro espera, espera y desespera.

·952· Quien de todos es amigo, (o) es muy prove (*pobre*) o es muy rico.

·953· Quien demanda sadaca (*del árabe-turco,* «*limosna*»), no se echa sin cenar. (VÉASE TAMBIÉN EL REFRÁN 1063.)

·954· Quien desea ser casamentero, cale tenga cara de palo y calzado de fierro.

·955· Quien dize que su crema es agra? (VÉASE TAMBIÉN EL REFRÁN 112.)

·956· Quien durme mucho, vive poco.

·957· Quien echa piedra al guiariz (*del persa-turco* «*alcantarilla*») (*o:* «al lagum»), le salta en (*o:* «a») la cara.

·958· Quien en el caldo se quemó, en el yogurt asopló.

·959· Quien entra al (o «en el») baño, sin sudar no sale (*o:* «no sale sin sudar»).

·960· Quien es el ciego? El que no quere ver luz.

·961· Quien es la loca? La que se alaba con su boca.

·962· Quien es mal pagador es buen recavdador. (VÉASE TAMBIÉN EL REFRÁN 651.)

·963· Quien es miel, se lo comen las abejas.

·964· Quien es para sí, no es para otros; quien es para otros, no es para sí.

·965· Quien es tu enemigo? El de tu oficio. *O:* «Quien es tu enemigo sino el de tu oficio?».

·966· Quien escucha a su mujerica, se torce la orejica.

·967· Quien escucha al buraquito siente su fado. *O:* «Quien escucha por el buraco, siente su mal fado». *O:* «Quien se mete a oír por los buracos, oye su mal fado».

·968· Quien está en ayunas, y rábano desayuna.

·969· Quien fragua su casa sobre maderos de la gente, presto se le derroca.

·970· Quien fuye de un comercho (*aduana*), paga dos.

·971· Quien fuyó, su madre no lo lloró.

·972· Quien gana primero, desbolsa tercero.

·973· Quien gana primero, gana con miedo.

·974· Quien gasta viernes, come sábado.

·975· Quien guarda, para otro guarda. *O:* «Quien guarda, para sí no guarda».

·976· Quien guisa y amasa, todo le pasa.

·977· Quien ha buen vezino, ha buen amigo. (VÉASE TAMBIÉN EL REFRÁN 708.)

·978· Quien hambre tiene, y Moros come.

·979· Quien hijo cría, oro hila.

·980· Quien lava la caveza del hamor (*del hebreo,* חמור, «*asno*»), pierde (*o* «piedre») la lejia y el javon.

·981· Quien le duele la muela, que se vaya al barbero.

·982· Quien los ojos perdió, de las pestañas no se aprovechó.

·983· Quien lleva la bolsa, lleva la gola.

·984· Quien mal lleva, bien espera.

·985· Quien mal pensa, para sí se lo pensa.

·986· Quien manda platicos, recive platicos.

·987· Quien más no puede, murir se deja.

·988· Quien más tiene, más quere.

·989· Quien me quere ver sin piojos, se vea sin ojos.

·990· Quien me ve me goza, quien me save (*o:* «me conoce»), me llora.

·991· Quien mete cara, toma marido.

·992· Quien mete la mano entre dos piedras, la quita machucada.

·993· Quien miel menea, algo se le apega.

·994· Quien mocos manda, babas recive.

·995· Quien mucho bendize, mucho maldize.

·996· Quien mucho demanda, nunca se vergüenza.

·997· Quien mucho escoge, presto caye.

·998· Quien mucho habla, poco va.

·999· Quien mucho pensa, no se le fada *(no se le augura)* Yeruchalaím *(del hebreo,* ירושלם*, «Jerusalén»). (El que piensa demasiado no llega a Jerusalén.)*

·1000· Quien mucho quere, pierde todo.

·1001· Quien mucho ríe, mucho llora.

·1002· Quien mucho se aboca *(se agacha),* el culo se le vee.

·1003· Quien mucho sube, es para caer.

·1004· Quien nace con masal *(del hebreo,* מזל*, «suerte»)* y ventura *(o:* «Quien nace con ventura»*)*, quien con potra y quevradura. (Véase también el refrán 1005.)

·1005· Quien nace con masal y ventura, quien mirando la luna. (Véase también el refrán 1004.)

·1006· Quien negro nace, negro muere. (Véanse también los refranes 1098 y 1099.)

·1007· Quien no consiente, no viene de gente.

·1008· Quien no conta no es Ben Adam *(del hebreo,* כן ארם*, «hijo de Adán, hombre»).*

·1009· Quien no conta un tas *(del árabe-turco, «taza»)* de agua en el baño, caiga la cubbé *(del árabe-turco, «techo»)* y lo machaque.

·1010· Quien no da migas, no tiene amigas.

·1011· Quien no es para un palmo de cara, no es ni para mirar la casa.

·1012· Quien no está embezado *(acostumbrado)* a llevar bragas, las costuras le hazen llagas.

·1013· Quien no gana en su ciudad, no gana en ningun lugar. (VÉASE TAMBIÉN EL REFRÁN 1292.)

·1014· Quien no mete cara, no casa.

·1015· Quien no mira la noguera *(las cosas pequeñas),* le vola *(se le arruina)* la casa entera.

·1016· Quien no oye a la madre, oiga a la mala madrastra.

·1017· Quien no parió, no se dolorió. (VÉANSE TAMBIÉN LOS REFRANES 752 Y 783.)

·1018· Quien no pecha con Israel, pecha con Ismael. (VÉASE TAMBIÉN EL REFRÁN 1039.)

·1019· Quien no quere *(o «no tiene gana de»)* consograr, demanda mucho contado y ajugar *(ajuar)* *(o: «demanda mucho ajugar»).*

·1020· Quien no risica, no rosica. *(Aquel que no se arriesga no recoge rosas.)*

·1021· Quien no save de mar, no save de mal.

·1022· Quien no save jugar empeza a dejar.

·1023· Quien no se arremanga una vez, se arremanga dos o tres.

·1024· Quien no se consiente, no viene de gente. *(Quien no tiene cuidado con lo que hace no viene de familia noble.)* (VÉASE TAMBIÉN EL REFRÁN 1104.)

·1025· Quien no se quere quemar, no vaya a lado del horno.

·1026· Quien no se siente, mucho mal le viene.

·1027· Quien no te haze rico, quere que te hagas povre.

·1028· Quien no tiene a la henosa («*bonita*», *del hebreo,* חן) (*o* «hermosa»), besa a la mocosa.

·1029· Quien no tiene hermano, como si fuera de una mano. (Véase también el refrán 1030.)

·1030· Quien no tiene hermano, no tiene ni pie ni mano. (Véase también el refrán 1029.)

·1031· Quien no tiene hija, no tiena amiga.

·1032· Quien no tiene su casa (*o* «casa suya» *o* «casa de suyo»), es vezino de todo el mundo.

·1033· Quien no tiene ventura, no hubiera de nacer.

·1034· Quien no tiene vergüenza en cara, todo el mundo es suyo.

·1035· Quien no tuvo y tiene, con dos mano lo detiene.

·1036· Quien no va con lágrimas, va con sospiros.

·1037· Quien paga sus devdas se enriquece. (Véanse también los refranes 831 y 832.)

·1038· Quien parió concombro, lo lleve al hombro.

·1039· Quien pecha con Israel, pecha a Ismael. (Véase también el refrán 1018.)

·1040· Quien poco cabod (*del hebreo*, כבוד, «*honor*») tiene, todo mostra.

·1041· Quien poco capital tiene, muy presto le pierde (*o* «piedre»).

·1042· Quien presenta (*regala*) su bien en vida, al cavo exclama y no es oída.

·1043· Quien promete, en devda se mete.

·1044· Quien quere a la col, quere y a su derredor (*quiere también las hojas que la rodean*).

·1045· Quien quere a la rosa, no mire al espino.

·1046· Quien quere lo mucho, piedre (*o* «pierde») y lo poco.

·1047· Quien quere mula sin tacha, camina (*o* «vaya») a pie. (VÉANSE TAMBIÉN LOS REFRANES 1048 Y 1049.)

·1048· Quien quere mula sin tacha, se queda sin nada. (VÉANSE TAMBIÉN LOS REFRANES 1047 Y 1049.)

·1049· Quien quere mula sin tacha, váyase a Roma. (VÉANSE TAMBIÉN LOS REFRANES 1047 Y 1048.)

·1050· Quien quere ser casamentero, cale que tenga cara de perro y zapatos de hierro.

·1051· Quien quere ser servido, es mal sufrido.

·1052· Quien quere tapar la boca de la gente, que cerre en primero el campo con puertas.

·1053· Quien quere ver a dona, que dé la paraíca (*moneda turca que vale la cuadragésima parte de una piastra*). (*O sea, que pague.*)

·1054· Quien quere ver a la limpia, que la mire encima (*encima de sus vestidos o encima de ella*).

·1055· Quien quere ver el mundo atrás (*el futuro*), que lo mire adelante (*el presente*).

·1056· Quien quere ver todo el mundo, que mire su casa.

·1057· Quien quita burla no muere ma se encampa. (*El burlador no muere, pero cae en la trampa.*)

·1058· Quien rova, tiene un pecado; quien merca, vente y cuatro.

·1059· Quien se comió el queso? los ratones. (Véase también el refrán 933.)

·1060· Quien se echa con el gato, se alevanta aresguñado. (Véanse también los refranes 937, 938 y 1061.)

·1061· Quien se echa con el niño, se alevanta pichado. (Véanse también los refranes 937, 938 y 1060.)

·1062· Quien se echa sin cenar, se levanta sin devda.

·1063· Quien se echó a demandar, no se echó sin dinar (*del árabe turco, «dinero»*). (Véase también el refrán 953.)

·1064· Quien se harva (*se pega*) con sus manos, que no llore.

·1065· Quien se levanta de mañana, desayuna (*tiene tiempo de desayunar*).

·1066· Quien se mete con menor piedre (*o «pierde»*) el honor. O: «Quien se mete con su menor, piedre su cabod (*del hebreo, כבוד, «honor»*).

·1067· Quien se quema en la chorva (*del turco, «sopa»*), asopla en el yogurt. (Véase también el refrán 1068.)

·1068· Quien se quema en la sopa, asopla en la fruta. (Véase también el refrán 1067.)

·1069· Quien se quere apaciguar, da de pasadas. (*Aquel que se quiere reconciliar olvida el pasado.*)

·1070· Quien se toca buen tocado, adoba buen adobado. (*Aquel que se peina bien suele ser una persona limpia.*)

·1071· Quien sed tiene, agua de balsas bebe.

·1072· Quien solo se mata, ninguno lo llora.

·1073· Quien su corazon quijo (*por «quiso»*) vengar, vido su casa quemar.

·1074· Quien su mal encubrió, de ello se murió.

·1075· Quien sus llagas escondió, de ellas murió.

·1076· Quien te dijo «isa» (¡arre!) que meneas la cuerda?

·1077· Quien te enriqueció? Quien (o «El que») te mantuvo.

·1078· Quien te quere bien, de la boca se save.

·1079· Quien te quere bien, te haze llorar. (VÉASE TAMBIÉN EL REFRÁN 1080.)

·1080· Quien te quere mal, te haze reir. (VÉASE TAMBIÉN EL REFRÁN 1079.)

·1081· Quien te quere más que mamá, de palabras te engaña.

·1082· Quien tiene azafran echa en las coles; quien no, las come sin limones. (VÉASE TAMBIÉN EL REFRÁN 1093.)

·1083· Quien tiene buen vezino, tiene (o «aprende» o «embeza») buen doctrino (o «dotrino»). (*Aquel que tiene un buen vecino, tiene un buen ejemplo.*)

·1084· Quien tiene cavallo en el ahor (*del árabe-turco, «caballeriza»*) y camina a pie, no es vergüenza.

·1085· Quien tiene colcha y no se cobija no es de agidiar (*del turco, «tener compasión»*).

·1086· Quien tiene de hazerte bien, o se muere, o se va por afuera.

·1087· Quien tiene dolor (o «mal») en un (o «en el») dedo, se haze (*su*) pregonero.

·1088· Quien tiene fierro corta clavo.

·1089· Quien tiene hijos al lado no muere ahitado.

·1090· Quien tiene hijos y hijas, consuegra con perros y gatos.

·1091· Quien tiene hijos y ovejas, nunca le faltan quejas.

·1092· Quien tiene maja (*una pinza*), no se quema la mano. O: «Quien tiene majas no se quema las manos».

·1093· Quien tiene mucho azafran, echa y a las coles. (VÉASE TAMBIÉN EL REFRÁN 1082.)

·1094· Quien tiene pendola (o «pluma») en la mano, escribe su buen fado.

·1095· Quien tiene techo (o «tejado») de vidro, no eche piedra a su vezino (u «onde el vezino»).

·1096· Quien toca seda, no se echa sin cena.

·1097· Quien tornó del otro mundo?

·1098· Quien tronco (*idiota*) nació, tronco murió. (Véanse también los refranes 1006 y 1099.)

·1099· Quien tuerto nació, nunca se derechó. (Véase también el refrán 1098.)

·1100· Quien una vez no caga, vente y cuatro se ata (*abrocha su pantalón*).

·1101· Quien va sin llamar, no le dan lugar.

·1102· Quien ve al güerco (*el diablo*), le queda el gesto.

·1103· Quien ve las barbas (*o «la barba»*) del vezino quemar, echa las suyas a mojar (*o «echa la suya a remojar»*).

·1104· Quien ve y no aprende, no viene de buena gente. (Véase también el refrán 1024.)

·1105· Quien vende el sol, merca la candela. (*Dícese de los que se divierten de día y trabajan de noche.*) (Véanse también los refranes 478 y 551.)

·1106· Quien vido al güerco (*el diablo*) y escapó?

·1107· Quien vido el seray (*del persa-turco, «palacio»*) del rey y derroca su casa? (*Dícese de los envidiosos.*)

·1108· Quien viene tarde a la mesa, le encolgan la cuchara.

·1109· Quien vive esperando, muere cagando.

·1110· Quitaldo afuera, que se caga.

·1111· Quitar y no meter, el fondo se viene a ver. *O:* «Quitar y no meter, presto se ve el fondo».

R

·1112· Regalado soy yo: lo que quero hago.

·1113· Respuesta en su hora vale mil ducados.

·1114· Revuelta de ríos (*o* «Ríos y revueltas») ganancia de pescadores.

·1115· Rey muerto, rey puesto.

·1116· Rey sin gente no vale niente (*del italiano,* niente, *«nada»*).

·1117· Rico y gozo, todo sin reposo.

·1118· Rico y ladron. (Véase también el refrán 1224.)

·1119· Rógame tres, que dos no quero.

·1120· Roto con roto, puntada de loco. (*Sólo los locos cosen juntos dos trozos de tela rotos. Es por el valor de la obra como se juzga a quien la ha hecho.*)

·1121· Rovar pitas calientes y besar mesusoth (*del hebreo,* מזוזות, *«pergamino sobre el que se escribe un pasaje de la Biblia, que se coloca en un estuche de hierro blanco*

colgando junto a las puertas de las casas). (*Cometer una mala acción y mostrarse como una persona pía.*)

·1122· Ruvio y mal pelo, caveza de mortero. (*Cabellos pelirrojos y mal plantados, mala cabeza.*)

·1123· Saco vazío no se está en pies.

S

- ·1124· Sale el alma y no la maña.
- ·1125· Salga de mi mano, vaya onde mi hermano.
- ·1126· Saltó el asno y dijo: be!
- ·1127· Se bate el fierro cuando está caliente. (VÉASE TAMBIÉN EL REFRÁN 82.)
- ·1128· Se casó el güerco (*el diablo*) con la bruja.
- ·1129· Segun el aire se volta la vela.
- ·1130· Segun es el gasto, ansí es el bailar.
- ·1131· Segun va el Judío, ansí le ayuda el Dio.
- ·1132· Ser pecado con capa de santidad.
- ·1133· Ser un lovo con piel de oveja.
- ·1134· Setam (*del hebreo, סתם, «en general»*) haragan consejero. (VÉASE TAMBIÉN EL REFRÁN 82.)
- ·1135· Setam (*del hebreo, סתם, «en general»*), harto no cree al hambriento.
- ·1136· Setam (*del hebreo, סתם, «en general»*) ladron sospechador. (VÉASE TAMBIÉN EL REFRÁN 64.)
- ·1137· Si ajugar (*por «ajuar»*) no tenemos, encolgado lo vemos.
- ·1138· Si al Dio no le vemos, con la ciencia lo alcanzamos.
- ·1139· Si asnos de dos pies no había, los de cuatro mucho valían.
- ·1140· Si el buey lo escornó, en buen lugar lo echó.
- ·1141· Si el Dio tiene cargo del ladron, más tiene del patron.
- ·1142· Si el emprestar era bueno, emprestavan a sus mujeres.
- ·1143· Si el moco no era mío, yo me lo riia.
- ·1144· Si la tiña no la envidian, todo el mundo la querrían.

(Si la chica no hubiera tenido un defecto tan grande, todos la habrían querido.)

·1145· Si la vava *(abuela)* tenía cucu *(miembro viril)* la llamavan *(o «se llamava»)* papu *(abuelo).*

·1146· Si lo que veo no hago… *(Dícese de una persona que imita o quiere imitar a otra.)*

·1147· Si los anillos cayeron, los dedos quedaron.

·1148· Si los tuyos te asan, no te comen, y si te comen, no por entero. (VÉASE TAMBIÉN EL REFRÁN 1149.)

·1149· Si los tuyos te degollan, comer no te comen. (VÉASE TAMBIÉN EL REFRÁN 1148.)

·1150· Si me vites *(por «viste»)*, burlí; si no, con ello me quedí *(o «si no, te la conchí»). (Si me viste, se trataba de una broma; si no me viste, me quedo con lo que te robé.)*

·1151· Si mi hijo quere mi buen fado, mi hija tres doblado.

·1152· Si mi madre no me casa, yo le quemaré la casa.

·1153· Si Moché *(del hebreo,* משה, *«Moisés»)* murió, Adonay *(del hebreo,* אדני, *«Dios»)* quedó.

·1154· Si nebiim *(del hebreo,* נביים, *«profetas»)* no somos, de nebiim venimos.

·1155· Si negra la culpa, más negra la desculpa. (VÉASE TAMBIÉN EL REFRÁN 1156.)

·1156· Si negra la hecha, más negra la deshecha. (VÉASE TAMBIÉN EL REFRÁN 1155.)

·1157· Si no creeis en dolor, mirad en color.

·1158· Si savéis lo que tengo en la halda, vos do un racimo.

·1159· Si se tarda, no se pierde.

·1160· Si somos de los pretos *(negros),* no somos de los Zinganos.

·1161· Si tu amigo es de miel, no lo comas entero.

·1162· Si tu enemigo es una hormiga, cóntalo como un gamello.

·1163· Si tu eres ajo, yo so piedra que te majo. *O:* «Si vos sois ajo, yo soy piedra que vos majo».

·1164· Si tu mujer te dize que te eches del tejado abajo, roga que sea bajo.

·1165· Si ves al hombre, pregunta por su nombre.

·1166· Si vos barro y yo tchini *(del turco, «porcelana china»)* tan negro *(malo)* vos como mi.

·1167· Si vos pago, yo contento.

·1168· Sin convidar, no dan lugar.

·1169· Sobre pared rezia arrimarse.

·1170· Sois corredor? Corred con mí.

·1171· Sube un escalon, toma mujer. *(Hay que casarse con una mujer de una categoría superior a la propia.)* (VÉASE TAMBIÉN EL REFRÁN 21.)

·1172· Suegra, ni de barro (es) buena.

·1173· Sueño sin sultura *(o:* «explicación»*). (Dícese de una pregunta o un asunto que no tiene solución.)*

T

·1174· Tanto dize «Amen» que le caye el talet. (Véase también el refrán 60.)

·1175· Tanto duráis casada cuanto dura el zapato en la caja.

·1176· Tanto escarva la gallina, fin que se quita la vista (*o*
«hasta que se quita un ojo» *o* «el ojo»).

·1177· Tanto fué al bazar que no alcanzó al casar. (*Se quedó
tanto tiempo en el bazar que no llegó a la boda.*)

·1178· Tanto grita a la que bien hila, como a la que mal hila.

·1179· Tanto grita el ladron hasta que calla el patron. *O*:
«Tanto grita el ladron hasta que queda callado el
patron».

·1180· Tanto llora la bien casada, que la mal casada se
queda callada (*o* «que calla la mal casada»).

·1181· Tanto me lo quero, que no me lo creo.

·1182· Tanto va el cantarico a la fuente, hasta que se rompe.
(Véase también el refrán 315.)

·1183· Tapar el cielo con las manos. (Véase también el refrán 319.)

·1184· Tarhi, tarha, todos de una negra mispaha (*del hebreo,*
משפחה, *«familia»*). (Véase también el refrán 1301.)

·1185· Te dan, toma; te aharvan (*te pegan*), fui (*huye*).

·1186· Te daré y me darás: guay! cuando de si no hay. (Véase
también el refrán 1214.)

·1187· Te durmites (*por* «dormiste») encima el asno. (*Dícese
al que tarda mucho en hacer algo fácil.*)

·1188· Téneme el calpaq (*del turco,* «*sombrero*») que me vo
(*o* «me voy») echar al mar.

·1189· Téneme y no me toques.

·1190· Tenéis que comer? no; tenéis que pechar? sí.

·1191· Tener cara de zapato.

·1192· Tener lengua larga.

·1193· Tener llagas para meter mechas.

·1194· Tener ojos por hermosura.

·1195· Tener tripas anchas.

·1196· Tente clavo hasta que me pago. *(Para decirle a alguien que ha hecho un trabajo sólido.)*

·1197· Todo carbon de una color.

·1198· Todo como todo, la novia como caño. *(Todo dejaba que desear y la esposa era una mala mujer.)*

·1199· Todo el año no hay mal año. *(La desgracia no dura todo el año.)* (VÉASE TAMBIÉN EL REFRÁN 774.)

·1200· Todo lo pasado es olvidado.

·1201· Todo lo que luze no es oro. (VÉANSE TAMBIÉN LOS REFRANES 727 Y 885.)

·1202· Todo manco que no sea, que todo justo no importa. *(No importa que no todo sea bueno siempre que no sea todo defectuoso).*

·1203· Todo mi ganado para mulas y clavos. *(Para los aficionados a la equitacion.)*

·1204· Todo pasa, ma guay! por onde pasa. (VÉASE TAMBIÉN EL REFRÁN 1205.)

·1205· Todo pasa, ma la mancha queda. (VÉASE TAMBIÉN EL REFRÁN 1204.)

·1206· Todo tiene Chimchon, solo le manca sarna y sarampion.

·1207· Todo tiene, el intelecto le falta.

·1208· Todo tiene la bien casada, afuera de casa. *(La buena esposa lo tiene todo, excepto una casa. Para decir que no posee nada.)* (Véase también el refrán 487.)

·1209· Todo tiene Orico *(nombre de mujer)*, una tranquita le manca en el culico. *(Dícese con afán de burla cuando alguien ofrece algo superfluo a una mujer que carece de lo necesario.)*

·1210· Todos cusen (*o* «saven cusir») zamarras, ma los pelos les embaraza.

·1211· Todos de una vientre, y cada uno a su modo. (Véanse también los refranes 154 y 486.)

·1212· Todos los dedos de la mano no son unos.

·1213· Todos los dueños en comer son buenos.

·1214· Todos me dieron y me darán, guay! cuando de si no hay. (Véase también el refrán 1186.)

·1215· Toma bien, no tengo onde meter. (Véase también el refrán 1216.)

·1216· Toma bien, que no cave en mi saco. (Véase también el refrán 1215.)

·1217· Toma la pera del peral, echa fuego al pajar. (Véase también el refrán 1218.)

·1218· Toma pera del peral. (VÉASE TAMBIÉN EL REFRÁN 1217.)

·1219· Tomad en la mano y dezid beraca (*del hebreo,* ברכה, *«bendición»*).

·1220· Traéis con vos? comed con nos. (*Si tenéis provisiones, podéis comer con nosotros.*)

·1221· Tratar y baratar, por no estar batal (*del hebreo,* בטל, *«desocupado»*).

·1222· Trayer agua a la boca. (*Hacerse la boca agua con promesas muy sabrosas.*)

·1223· Tres cosas quitan al hombre del mundo: echar y no durmir, esperar y no venir, hazer y no agradecer.

·1224· Tres cosas feas hay en el (*o «en este»*) mundo: rico mentiroso (*o «rico y ladrón»*), pobre gaviento y viejo putañero. (VÉANSE TAMBIÉN LOS REFRANES 1118 Y 1275.)

·1225· Tu corazon, tu maestro.

·1226· Tu meollo uno y mi sovaco dos. (*A alguien que dice tonterías.*)

·1227· Tú señor, yo señor, quien dirá «isa» («¡arre!») al hamor (*del hebreo,* חמור, *«asno»*)?

·1228· Turco bobo, en todo vos dize: hay! hay! (*Dícese de las personas que se dejan engañar fácilmente.*)

·1229· Un buen pleito traye una buena paz.

·1230· Un corazon espejo de otro.

[87]

U

·**1231**· Un daño, sehel (*del hebreo,* שׂכל, *«inteligencia»*).

·**1232**· Un hueso al perro.

·**1233**· Un loco quita ciento. (*El mal ejemplo es funesto.*)

·**1234**· Un mal quita el otro, el tercero al patron.

·**1235**· Un mudo y un tartamudo no se dan a entender.

·**1236**· Un oído puerta, otro ventana.

·**1237**· Un ojo bote, otro almodrote. (*A alguien que se hace de nuevas.*)

·**1238**· Un padre para diez hijos, no diez hijos para un padre.

·**1239**· Un pelo de cada barba sale (*hace*) una barba tanta.

·**1240**· Un poco de agua más en la mar.

·**1241**· Un poco de agua mata (*o «bate» o «abate»*) el bullon. (*Se apacigua a un hombre irritado con palabras suaves.*)

·**1242**· Un poco más de sal, se va la comida al mar.

·**1243**· Una mano lava la otra, y dos lavan la cara.

·1244· Una mano sola, ni canta, ni llora.

·1245· Una paja detiene un molino.

·1246· Una pared entre dos vezinos guarda más (*o* «haze durar») la amistad.

·1247· Unas paren, otras beben el caldo. (VÉANSE TAMBIÉN LOS REFRANES 707 Y 759.)

·1248· Uno el peso, otro las acrañas. (*Dícese de aquel que pide ayuda para las cosas más fáciles.*)

·1249· Uno en la mano vale más que ciento volando.

·1250· Uno es prometer, otro es hazer.

·1251· Uno parte la leña, el otro dize: ah! (VÉASE TAMBIÉN EL REFRÁN 401.)

·1252· Uno se llevó, otro trujo.

·1253· Unos tienen las hechas, otros la fama.

·1254· Úsate, te harás maestro.

[89]

V

·1255· Va onde te queren y no onde tú queres.

·1256· Va onde te ruegan y no onde te ronchan (*rechazan*).

·1257· Va y viene a la mehkemé (*del árabe-turco, «tribunal»*) con la demanda en pies.

·1258· Vaca que no tiene fiel, es trefa (*del hebreo,* טריפה, *«prohibida»*).

·1259· Vaso malo no caye de la mano.

·1260· Vaya y no torne más. (VÉANSE TAMBIÉN LOS REFRANES 696 Y 864.)

·1261· Véante a ralo, olerás a clavo. (*No te dejes ver mucho y te querrán.*)

·1262· Ven detrás de mí, murirás ani (*del hebreo,* עני, *«pobre»*).

·1263· Vendí y me repentí.

·1264· Venga en buena hora el mal cuando viene solo.

·1265· Venid, baba (*del turco, «padre»*), vos embezaré (*enseñaré*). (*Dícese a aquellos que quieren mostrarse superiores a más sabios que ellos.*)

·1266· Vente y cinco en culo ajeno no duele.

·1267· Ventura por quien la percura (*va detrás de ella*).

·1268· Vestidos emprestados no calientan.

·1269· Vestir a uso, comer a gusto.

·1270· Vestirvos y no mantenervos.

·1271· Vieja en casa, droga (*o «melizina»*) en casa; viejo en casa, entrompezo (*obstáculo*) en casa. (VÉASE TAMBIÉN EL REFRÁN 1272.)

·1272· Vieja en casa, señal bueno en casa. (VÉASE TAMBIÉN EL REFRÁN 1271.)

·1273· Viejo malo y taphel (*del hebreo,* טפל, «*difamador*»).

·1274· Viejo y honrado tiene la honra en la mano.

·1275· Viejo y zanai (*del hebreo,* זנאי, «*mujeriego*»). (VÉASE TAMBIÉN EL REFRÁN 1224.)

·1276. Vino de vivo quita la alma de peligro.

·1277· Visita (*o* «Venida») sin sol no es de corazon.

·1278· Vites (*por* «Viste») a la señora (*o* «a la novia») que se pedó? No era ella sino yo. (*Dícese irónicamente, cuando se trata de la persona en cuestión.*)

·1279· Vites (*por* «Viste») al asno? Ni preto, ni blanco. (*Dícese para negar algo.*)

·1280· Vites (por «Viste») al hombre? Pregunta (*o* «Prunta») por su nombre.

·1281· Vites (*por* «Viste») la barba de tu vezino quemar? Mete la tuya a remojar.

·1282· Viva el devdor, que la devda está en pies. (VÉASE TAMBIÉN EL REFRÁN 1284.)

·1283· Viva el devdor, y no muera el recaudador.

·1284· Viva la gallina, pero con su pepita. (VÉASE TAMBIÉN EL REFRÁN 1282.)

·1285· Vivir bueno, murir en el remo.

·1286· Vivir como el perro y el gato. O: «Vivir como gato con perro».

·1287· Vivir días, ver maravillas. (VÉASE TAMBIÉN EL REFRÁN 1289.)

·1288· Vivir los años de Metuchelah (*del hebreo,* מתושלח, «*Matusalén*»).

·1289· Vivir y ver. (VÉASE TAMBIÉN EL REFRÁN 1287.)

·1290· Voló la vava (*la abuela murió*), voló la tinaja.

·1291· Volta, volta, como cavallo del molino!

·1292· Voltar casal, voltar masal (*del hebreo,* מזל, «*suerte*»). (*Cambiar de país para cambiar de fortuna.*) (VÉASE TAMBIÉN EL REFRÁN 1013.)

·1293· Vos de Francia, yo de Aragon.

·1294· Voz de perro no sube al cielo.

Y

·1295· Y al rey se le save lo que es bakhchich *(del persa-turco, «propina, regalo»)*. (VÉASE TAMBIÉN EL REFRÁN 53.)

·1296· Y el buen bocado se le come el perro.

·1297· Y el hazan *(del hebreo,* חזן, *«oficiante»)* se yerra delan-te la torah *(del hebreo, Torah* תורה, *«la ley»)*.

·1298· Y el raton se vido con cola. *(Dícese de una persona jactanciosa.)*

·1299· Y un perro, que sea de familia. *(Incluso un perro tiene que ser de raza.)*

·1300· Ya es hora que arrevente la mula *(de vejez)*.

·1301· Ya gabon *(ave marina)*, ya patica de mar. *(Tanto monta, monta tanto.)* (VÉASE TAMBIÉN EL REFRÁN 1184.)

·1302· Ya que no hay que cenar, vamos a echar *(a acostar-nos)*.

·1303· Ya salió el higo, apareja el vestido. (*Una vez salen los higos, prepara la ropa de invierno.*)

·1304· Ya save la rosa en que cara reposa.

·1305· Ya sintió al gallo cantar, ma no save en que lugar. (*Conoce el asunto muy bien, pero ignora los detalles.*)

·1306· Yerno? Como el sol del invierno.

·1307· Yohanan, levanta, picharás.

·1308· Yo harto, mis hijos hartos, levantad los platos. O :«Yo y mis hijos hartos, levantad los platos».

·1309· Yo le digo que se vaya, el me se desata las bragas. (VÉASE TAMBIÉN EL REFRÁN 1309.)

·1310· Yo le digo que se vaya, ella me se remanga las haldas. (VÉASE TAMBIÉN EL REFRÁN 1308.)

·1311· Yo le digo que so hadim (*del árabe-turco, «eunuco»*), él me demanda cuantos hijos tengo.

·1312· Yo que esté caliente y que me se rian la gente.

·1313· Yo y mis hijos no tengamos mal, el resto vaya de mal en mal.